胡哲敷著

曾國藩治學方法

中華書局印行

曾國藩治學方法

目錄

頁數

第三編　治事

自序

先哲曾國藩以書生而當天下大難，肩天下大任，納一世於軌物，而始終勿懈，無稍變異其書生面目者，今之世有幾人耶？曾氏之自勵也曰勤與儉。謂勤可以生明，儉可以養廉。其待人也，視人之善，若己有之；惟恐其不彰也；急公家之難，若己之憂，惟恐其不去也。於時人才輩出，各獻所能，彼則培養提攜，無所不至。嘗謂轉移習俗而陶鑄一世之人，非特處高明之地者然也，凡一命以上，皆與有責焉。其胸懷器量爲何如乎？是故轉移習俗，匹夫匹婦與有責焉，而況肩政教之責者乎？人人以轉移習俗自任，人人懷堅苦卓絕之心，樸質諳練，洗淨浮華，凡望之於人者，皆先行之於己，則民之從之，猶水就下，必有不期然而然者矣。假令夫子教我以正，夫子未出於正，則出乎爾者，反乎爾者也。夫民今而後得反之也。孔子曰：其身正，不令而行；其身不正，雖令不從。然則今世之士，往往倡導不遺餘力，而收穫甚尠者，蓋亦有由矣。

曾氏之學問文章，載明其全書之中，既風行於世矣；吾乃不厭駢枝而爲此者，欲使學者以短少時間，得知曾氏爲學精神之梗概。且知成大事者，莫不由於銖積寸累，堅苦力行。苟因此而能稍有補於今之士氣，則本書望外之穫矣。

曾國藩傳略

曾國藩字伯涵，號滌生，湖南湘鄉人，生於清嘉慶十六年十一月十六日，——公歷一八一一年。他的祖籍原在湖南衡陽，清朝初年有名孟學者，始由衡陽遷居湘鄉，遂爲湘鄉人。孟學四傳至玉屛字星岡，便是國藩的祖父。星岡爲人，篤實勤謹，凡事皆具有規模，曾氏家道之基，完全創立於星岡公之手。星岡生竹亭、鼎尊、驥雲，鼎尊早卒，竹亭生五子，長卽國藩，次國潢字澄侯，次國華字溫甫，次國荃字沅甫，次國葆字季洪。國藩稟性樸質篤厚，不尙虛華，少時器宇卓犖，狀貌端重，五歲讀書，九歲讀畢五經，可以執筆爲文，因此他最得星岡公的撫愛，而他腦筋中留得祖父的印象亦最深。所以後來他立身爲人，一舉一動，都隱隱是承襲祖父的規模。

道光十四年，國藩鄉試得舉人，詩文之名頗著於鄉里；不過此時所謂詩文，僅時文試帖詩之類，不足語於學問。次年他到京師會試落第，因卽留在北京讀書，自是之後，才算切實的做眞實學問，窮研經史，留心經世之學。在京住了十幾年，一方面京師人文會萃之區，相與往還者很多有學問的人，便於磋磨研習；另一方面也可以說是與他一個結識天下賢士儲才待用的機會。同時他又從善化唐鑑講求爲學之方，唐爲程朱派的學者，曾氏義理學的基礎，便建築於此時。計此十餘年中，他自己立身爲人之道，詞章義理之學，都很有些根基；而又廣結許多師友，後來事業上的助手，大半都是在此時認識清楚的。他在京師，一面專心研讀，一面又參與過幾次會試，後來清廷給他做禮部侍郎，其地位略等於今之次長，原是一個清閑的地位，仍得以大部分工夫在學問上講求。咸豐二年，國藩母親死了，乃由京請假回籍治喪，在籍不多時，而太平軍起，國藩奉清廷命，在湖南幫同辦理本省團練，搜查土匪，保衛地方。

先是清廷自鴉片戰敗之後，種種腐敗，完全暴露，割地賠款通商，頗激起人民的公憤。而廣東一帶，又値連年荒旱，上下官吏類皆庸闇無識，怙權攬勢，以殘酷搜刮，粉飾太平爲能事；人民水深火熱，無以爲生，洪秀全等乃於道光三十年起義於廣西桂平縣之金田邨，稱太平天國，以民族革命相號召，采分田授產制度，標榜天主敎義，人民風起雲湧，爭相附從。是時廣西巡撫鄭祖琛，老朽昏庸，因循畏事，太平軍初起時，祖琛一味掩飾，及聲勢漸大，始張皇入奏，而事已無可奈何。提督向榮，都統烏蘭泰，賽尙阿等，見匪盜四起，太平軍尤所至無敵，頗有應接不暇手忙脚亂的氣象，而向榮、烏蘭泰又常鬧意見，坐令數十營大軍，處處擱淺，予太平軍以從容佈置的機會。然太平軍亦不能聯合兩廣的匪盜而成一大勢力，不得已乃於咸豐二年二月，率其老弱男女不及一萬人由廣西轉入湖南。是時湖南官兵久疲，太平軍長驅北上，而湘水正灘，順流而下，指日可抵長沙。清廷大懼，江忠源、羅澤南、王鑫等，以地方團練，與總兵和春，在長沙與太平軍相持，向榮亦自桂林追至，激戰三月，長沙未破；太平軍乃夜造浮橋，渡湘而西，破益陽，渡洞庭，大破岳州。岳州城內貯有吳三桂所遺軍械礮位甚多，悉為太平軍所獲，搜擄倉庫，估舟五千餘艘，蔽江而東，所過城鎮，望風披靡。至咸豐三年二月，不過一年之間，太平軍竟佔了道州、桂陽、郴州、醴陵、岳州、武漢，再沿長江，順流東下，陷取九江、安慶、蕪湖、太平，而定都於南京。

我們翻開地圖看看，太平軍所過之地，——自廣西至南京——途中遭挫折而未能奪得者，惟長沙一處而已。長沙之所以如此堅強，完全得力於地方團練。太平事起，曾國藩正在家守母喪，羅澤南王鑫等，力請曾氏出來主持地方團練，會清廷亦降旨命國藩在鄉就近幫辦湘省團練，國藩辭以母憂不肯出，且言書生不知兵，其友郭嵩燾曰：『公本有澄清天下之志，今不乘時而出，拘守古禮何益於君父？且墨絰從戎，古之制也。』其弟國荃亦力勸之，國藩乃投袂而起，治軍力主嚴明，常以岳武穆「不愛錢，不怕死」一語自勵；但是此時兵政廢弛，土寇蜂起，敵衆未至，一夕數驚，地方官每畏葸養癰，國藩則先整頓軍中紀律，十旬之中，戮二百餘人，一時謗讟四起，至送他一個綽號叫做「曾剃頭」，意思就是說他好殺人罷了。國藩置之不理，勤加訓練，湘團遂稱勁旅，湖南境內漸次肅清。又奉命募為官勇，出境勦敵，他便仿明戚繼光成法，東伍練技，編爲湘勇，令羅澤南、王鑫、塔齊布、鄒壽璋、周鳳山、儲玫躬、及其弟國葆等分將之，是爲湘軍陸師編制之始。翌年——咸豐三年，又用江忠源及編修郭嵩燾等所建水攻之策，購造兵船，編成水師，以成名標、諸殿元、楊岳斌、彭玉麟、鄒漢章、龍獻琛、褚汝航、夏鑾、胡嘉垣、胡作霖等分統之，是爲湘軍水師編制之始。聲勢漸漸浩大了。

太平軍所過之地，只是姦擄焚殺，並沒有政治上的設施；雖然從廣西一口氣跑到南京，裹脅民衆百餘萬，但是他們所破的城鎮，往往不多時間，仍爲官軍收復。迨定都南京之後，始分兩路作大規模的出征，一路是由揚州出皖北，經臨淮鳳陽而入河南，攻山西，以襲京畿；由丞相林鳳祥吉文元，主將李開芳等領之。又一路是沿江而上，經安徽之太平、蕪湖、安慶，攻江西，以爭長江上游；由豫王胡以晃，丞相賴漢英、石祥貞等領之。是時清廷主要軍隊，則有欽差大臣琦善所統直隸、河南、陝西、黑龍江馬步各兵，由河南信陽馳抵揚州，號爲江北大營；向榮追太平軍至江寧，屯孝陵衞，號爲江南大營。外面看來，清軍是很壯盛了，實則內容都是些京旗綠營之兵，老弱驕惰，久已無用，一遇勁敵，直如摧枯拉朽風捲殘雲。雖江南大營得張國樑等之助，得維持七八年之久，然太平軍得在南京支持十四年，亦未常不是向軍老弱無能的表現。是故太平軍雖受清軍兩路夾擊，而其兵鋒之銳，迄不爲之少減。林鳳祥等北路之軍，旣以半年之間，橫行江蘇、安徽、河南、山西四省之地，轉戰四千五百餘里；而胡以晃等南路之軍，亦以咸豐三年，先攻安徽桐城，破集賢關，再陷安慶，攻九江湖口，進圍南昌。江忠源等屢戰未下，飛書國藩告急。國藩遣郭嵩燾等率湘勇千二百人，楚勇二千人，營兵六百人至，羅澤南亦率子弟鄉人自成一軍以偕，南昌之圍始解。太平軍見軍勢不利，乃回軍沿長江而上，次年春，太平軍水陸兼進，直破黃州，清將吳文鎔戰敗自殺，武漢等處，望風瓦解。國藩自率水陸師由長沙北進應援。是時太平軍氣最盛，而國藩水師初出洞庭湖，遇大風，連壞數十艘，陸師至岳州，一戰又不利，回走長沙，太平軍乘勝泝湘而上，列舟靖港，復以一軍出間道襲陷湘潭，踞長沙上游，國藩自督戰船四十號，陸勇八百名，擊太平軍於靖港市。時西南風大作，水流迅急，不能停泊，爲太平軍所乘，水勇潰散，戰船或被焚，或被虜，幾乎全軍覆沒。國藩自憤成師以來，一出即失利於岳州，又慘敗於靖港，痛恨之餘，乃投水自殺，爲幕客章壽齡援出。而國藩終以事不可爲，遂草遺疏，祕密的把自己後事都辦妥了，正準備自殺，却好塔齊布等大敗太平軍於湘潭，國藩聞之大喜，乃益遣水師往助，八月之間，水陸十戰十勝，遂復湘潭。由是乘勝分兵三路，以提督塔齊布，道員褚汝航，知府羅澤南爲中路，趨岳州。貴東道胡林翼爲西路，趨常德。江忠源之弟知府江忠淑，直牧林源恩爲東路，趨崇陽通城。太平軍乃棄常德，走岳州，復走湖北，湖南境內肅清。國藩又與湖南巡撫駱秉章，湖廣總督楊霈，荊州將軍官文等所遣各路兵，略定湖北。清廷聞之命曾國藩署湖北巡撫，國藩以母喪未除辭，乃以兵部侍郎銜領兵攻戰，時北路太平軍，亦漸次爲僧格林沁勝保等所破，林鳳祥李開芳皆被擒不屈而死，清軍始漸有起色。

兩湖粗定，國藩爲直搗金陵之計，進圖江西，圍攻九江，惟其時蘄州以下，西自九江東至饒州、廣信，所在皆有太平軍足跡，而德化、小池口、湖口諸濱江要隘，爲入皖門戶，尤太平軍之精銳所聚，石達開在安慶，遙爲聲援，皖贛形式異常鞏固。國藩遣蕭捷三率水師越湖口入鄱陽湖攻姑塘，湖口太平軍則造浮橋連接兩岸以封鎖湘軍。湘軍水師半在江，半在湖，有外江內湖之別，石達開自將禦國藩軍，擲火燒外江戰船數百艘，奪國藩坐船，國藩水師大潰，馳羅澤南軍以免，憤欲自刎，澤南止之。石達開又以清軍上游空虛可乘，因命秦日綱等進攻湖北，於是武昌已定而復陷。疆吏又畏葸莫敢攖其鋒，太平軍復攻江西。咸豐五六年間，江西七府一州五十餘縣，幾全爲太平軍所有。當九江、武昌戰事最激烈時，名將塔齊布、羅澤南皆先後陣亡，亦可見此時兩軍肉搏的情形了。

澤南既死，胡林翼分四千人令國藩弟國華統之，往救九江。既而國藩之父竹亭於咸豐七年二月死於里第，國藩國華自瑞州奔喪，國荃自吉安奔喪，時國藩所經營者以水師爲一大端，有戰船五百餘號，礮二千餘尊，他請假回籍之後，就把這件事保薦楊岳斌與彭玉麟兩人擔任，其他餉糈及陸軍諸事，則由官文胡林翼主之。而時正江西軍事吃緊的時期，故清廷只准他三個月假，他卻要堅請在家終制。後來因為事勢的逼迫，國華、國荃於是年秋先銷假回任，次年夏四月，國華與李續賓等收復九江，秋八月，國荃收復吉安，石達開竄浙閩邊界，而湖北、江西之太平軍乃漸漸蕩平。

咸豐八年秋，國藩膺清廷之命，復出料理軍務，由武昌歷九江、湖口，以達南昌。先是官文、胡林翼會籌東征之策，陸師渡江先皖而後及江南，水師先安慶而後及南京。以圖皖之事屬之李續賓，疏請加巡撫銜，專摺奏事。時太平英王陳玉成主皖事，既陷廬州，乃於距廬州九十里之三河屯糧械，築大城，環以九壘，防守甚嚴。續賓既下桐城，遂進攻三河，大戰破之，九壘皆下，而所部傷亡亦眾。玉成暨侍玉李世賢糾合捻匪首領張樂行自廬州至，抄續賓後路，四面圍裹，愈集愈厚，續賓知事不可為，夜乘躍馬，入太平軍而死。曾國華及諸弁員死者六千人，湘軍精銳殲滅殆盡。國藩聞之大慟，深恐湘軍從此不能復振。會是時江南大營為李秀成所襲，提督和春、張國樑皆戰沒。和春督師江南，張國樑幫辦江南軍務，東南半壁，倚如長城。國樑謀勇兼優，數年以來，規畫江寧，自謂克復在指顧間，乃兵餉大權，為和春所掣肘，以致援絕力竭，皆捐軀以死，江南大軍三百營，悉為太平軍夷為平地，清廷聞之大為震動。

道光以來，滿人的腐敗無能，已大白於天下，至咸豐時，始有文慶、肅順等人，稍稍覺悟。文慶為滿洲大學士，在內閣常密請破除滿漢藩籬，不拘用人資格。欲辦天下大事，當以用漢人爲重，彼皆來自田間，知民疾苦，熟諳情僞，豈若吾儕未出國門一步，瞢然於大計者乎？肅順在當時，驕恣暴戾，人莫不切齒罵之，然而主用漢人，到是他最努力。他常說：滿族中無一人可用者，國家遇有大疑難事，非倚重漢人不可。是時曾國藩、胡林翼等之握兵柄，肅順尤力主之。每與人言曾國藩之識量，胡林翼之才略，皆彼素所心折；故雖祁寯藻、翁心存兩大學士之齮齕齟齬，寯藻至謂國藩以匹夫居鄉里，一呼而從者萬餘人，恐非國家之福，而主志終不爲之搖奪，肅順蓋與有功焉。然而話雖如此，清廷究不欲以優越地位畀予「匹夫」。國藩治軍七八年來，轉戰於兩湖、江、皖等省，皆以兵部侍郎資格，與地方大吏有主客之勢；雖每次打了勝仗，清廷總以「曾國藩調度有方，著交部從優議敍」一幾句刻板文章予以安慰，從未以實權相予。自江南大營爲太平軍所夷，兩江總督何桂淸遁走，江蘇巡撫徐有壬，浙江巡撫羅遵殿俱死於難，眼見東南大局，土崩瓦解，始於十六年六月詔授曾國藩爲兩江總督，並命爲欽差大臣，督辦江南軍務，於是事權歸一，國藩乃保薦左宗棠專任浙事，李鴻章專任蘇事，曾國荃圍攻安慶，而胡林翼撫湖北，沈葆楨撫江西，晏端書謀餉粵東，皆聯絡一氣，而餉有所出，呼應皆靈，如身之使臂，臂之使指，莫不皆從。

國藩既膺兩江總督之命，乃以圍攻安慶之師授與國荃，自率軍進駐安徽南部之祁門，以固吳會人心，兼壯徽寧聲勢十年十月，太平侍王李世賢悉衆圍祁門，分三路進攻；一出祁門東，陷婺源。一出祁門西，陷景德鎭。一出祁門北，踰羊棧嶺，直趨國藩大營。祁門危險萬分，文報餉路，幾於不通，有人勸國藩退師，國藩不聽，懸劍帳外以自矢曰：「去此一步無死所！」堅忍數旬，至十一年正月左宗棠擊樂平，六戰皆捷，乃通贛皖運輸之道，而國荃亦大破陳玉成於安慶，遺書國藩謂『株守偏陬無益，宜出大江，規全局。』國藩戰略，乃為之一變。

國荃既克安慶，乃回湘增募新軍，轉回安慶。其弟國葆亦從兄轉戰，所向有功。國藩乃以規取金陵事付之國荃、國葆，又因蘇常迭陷，乃疏薦道員李鴻章才大心細，堪膺疆寄，令仿湘軍營制，自練淮軍，並選名將程學啓、郭松林以助之，命規復蘇州，自己則由祁門移駐安慶，指揮衆軍。計國藩此時所指揮者，除國荃、鴻章之師外，左宗棠規取全浙之師，江北多隆阿圍廬之師，李續宜援潁之師，江南鮑超進攻寧國之師，張運蘭防剿徽州之師，楊岳斌、彭玉麟肅清下游之師，與袁甲三、李世忠淮上之師，都興阿揚州之師，馮子材鎭江之師，均奉命受國藩節制，軍政統一，戰事乃日有起色。

同治三年六月，曾國荃破金陵，戮洪秀全屍，章王林紹璋、顧王吳汝孝皆自殺，妃嬪投河死者無算，將弁三千餘人皆戰死，軍民十餘萬人爭蹈河死，屍塡溢如橋，城郭宮室連燒三日不絕。是時李鴻章亦於二三年間，先後收復太倉、崑山、吳江、江陰、蘇州、常州等地，清廷聞之大悅，命廷臣議封賞。初咸豐死時，遺命有能克復江寧者，當封以王爵。至是廷議以國藩文臣，且非滿人，一旦封王，爲舊制所無，因詔封曾國藩一等侯爵，曾國荃、官文、李鴻章俱一等伯爵，其餘封賞有差。當江寧克復之際，國藩曾東下視師，惟不久又回皖垣，是年九月初一，乃率其全眷至江寧，改英王府後由李鴻章改爲安徽會館今尚存在爲兩江督署。

時太平諸領袖雖相繼而亡，其餘黨則散佈於江北、安徽、河南、山東一帶，而爲捻亂。僧格林沁戰歿於曹州，其勢甚熾。四年四月，國藩奉命赴山東一帶督兵勦辦，山東、河南、直隸三省旗綠各營及地方文武員弁，均歸節制調遣。國藩乃會同淮軍各將領，設安徽臨淮、江蘇徐州、山東濟寧、河南周家口四大鎮兵，互相遙應，呼吸相通；以有定之兵，制無定之寇，匪勢漸漸清弭，而後起之淮軍，又頗得人，國藩很有退休的意思了，乃自陳病狀，請以散員留營自效。清廷命國藩仍回兩江總督本任，而以李鴻章代辦勦捻事宜。

國藩回任後，乃極力講求吏治，以蘇民困，又值是時正英法聯軍之役之後，外事日多，知篤守故常，不足以圖自強而禦外侮，舉凡勸農課桑、修文清訟、戢暴去貪，以及整頓鹽務，開墾荒地，鑄造軍械，仿製輪船，派遣出洋子弟，莫不手定章程，規模具備。七年四月，詔補武英殿大學士，七月調直隸總督，而以馬新貽總督兩江。他在直隸任上，仍舊繼續的講求吏治，勸學課農。是時清廷很感覺舊有軍隊，罷輭凡庸，不足以戢亂因令國藩在直隸以練湘軍之法，選練六軍，意爲捍禦畿輔之用，且爲刷新全國軍政之基。國藩乃條陳許多治軍之法，淸廷均一一允從。其後以直隸練軍有效，他省仿而行之，營務爲之一振，自國藩始。同時天津一帶，常鬧教案，而以同治九年之天津教案爲最烈。先是天津有匪徒迷拐人口，爲知府張光藻知縣劉傑所獲，供稱受迷藥於教民。民間遂喧傳天主教堂遣人迷拐幼孩，挖目剖心爲藥料，又以義塚內屍骸暴露，俱視爲教堂所棄。同治九年五月，遂聚衆焚燒教堂，及拆毀法人所建仁慈堂，毆死法領事豐大業，殺傷教民男女數十人，又誤殺俄國商人三名，誤毀英美兩國教堂各一所，羣情洶洶，天津大擾，而曾國藩斯時正在病假中，淸廷命亟往天津查辦。國藩到津，立意與通商大臣崇厚分謗，不獎士民義憤，蓋以粵捻初平，不宜與鄰邦搆釁，又慮四國合縱，變生不測，於是力主和平，而法使羅淑亞肆意要挾，必令府縣官及陳國瑞三人議抵，崇厚欲許之，國藩力持不可；而津民不知大體，怨國藩，淸廷諸人亦羣起掊擊。崇厚懼事決裂，奏言國藩病重，請罷免，淸廷乃以李鴻章代之，實則國藩所辦已有眉目，是年秋九月，仍由國藩與法使議結。定滋事人犯正法者十五人，軍流者二十一人，天津知府張光藻知縣劉傑皆遣戍，陳國瑞訊與津案無涉，着免議。案既結，又特派崇厚前往法國道歉，事乃了結。了結之後，國藩頗以外慚淸議，內疚神明自責，引爲一生憾事。當這件事初發生的時候，他本預備以身殉事，由保定將赴天津，曾與其二子信云：『余即日前赴天津查辦毆斃洋人焚毀教堂一案，外國性情凶悍，津民習氣浮囂，俱難和協，將來構怨興兵，恐致激成大變，余此行反覆籌思，殊無良策。余自咸豐三年募勇以來，即自誓效命疆場，今老年病軀，危難之際，斷不肯吝於一死，以自負其初心。」其後能於原案之外，無他損失，總算是已經出他意料之外了。

同治九年七月，兩江總督馬新貽爲張汶祥刺死，清廷詔以國藩調補兩江總督。此時國藩已經六十歲了，右目已經失明，又常患眩暈，因瀝陳病狀，請另簡賢能，開缺調理，清廷則謂「兩江事務殷繁，職任綦重，曾國藩老成宿望，前在江南多年，情形熟悉，措置咸宜；現雖目疾未痊，但得該督坐鎮其間，諸事自可就理，所請另簡賢能之處，着無庸議，」是年歲底，國藩抵金陵赴兩江總督任。十一年二月初四日——公歷一八七二年，國藩卒於兩江總督任所。現在有曾文正公全集行於世。

曾國藩治學方法

第一編　總論

第一章　學的意義與範圍

中國從前學者，常會發生一種錯誤，以爲做學問就是隔絕塵世，關起門來讀書。因此書本之外無學問，書本之外無世界。前輩先生往往讀書數十年，而不解世事者，甚或出大門而不知東南西北者，都還是書齋裏的本色。就是宋人在那裏喊：「學者學爲人也」的口號，似乎是與世間相接近了，但是他們日日在那裏尋孔顏樂處，仍舊未免語句上的摸索，結果不過多刻幾本語錄，多教出幾個同樣沒用的生徒，實際與古人爲學意義，相去尚遠。按說文斆（篆文省作學）覺悟也，從冂，冂尚矇也，臼聲。段注冂下曰覆也，尚童矇，故教而覺之。吾謂凡所不知不能者，皆謂之蒙，經他人之教，然後豁然知之能之，便謂之覺。故學字有提示倣效之義，先生拿過去的文化積累，和他自己的造詣成績，提示學生，學生則憑其良知良能，以倣效，以覺悟，以知類通達，以化民成俗。學記曰：『化民成俗，其必由學乎？』又曰：『古之王者建國君民，教學爲先。』學所以如此重要，就是要借過去的文化，啓發後人的蒙昧，固然也未嘗不有聰明特達智慮過人的人，似乎是可以不學而能，然而一人智力，成效總是很少，而所謂化民成俗者，是要使人民於不自覺間，變化其心性，改易其習俗，而趨於一軌，所謂納民於軌物，這是何等偉大的事業！豈一人智力之所能勝？故一方面要孜孜不倦的去學，一方面還要急急的敎百姓去學，然後化民成俗的大業，才有希望。在這種學的空氣中，自然不是終日的自己抱着書本敎百姓也終日的抱着書本子去讀死書。舜使契爲司徒，『敎以人倫，父子有親，君臣有義，夫婦有別，長幼有序，朋友有信。』放勳曰：『勞之來之，匡之直之，輔之翼之，使自得之。』爲問使自得個什麼？就是要敎百姓明瞭五倫之義，人心皆有，不學則蒙蔽而不能通達罷了。孔子敎弟子，亦是『入則孝，出則弟，謹而信，汎愛衆，而親仁，行有餘力，則以學文。』子夏曰：『賢賢易色，事父母能竭其力，事君能致其身，與朋友交，言而有信，雖曰未學，吾必謂之學矣。』是知古人之所謂學，須在事業上表現出來，才見得是眞學問；後世號稱做事業的人，往往不學無術，卑汚苟且，而號稱做學問的人，又往往死於章句之下，做古人奴隸，其最大病根，就是把學問和事業分做兩截。

往者已矣，五百年來，能把學問在事業上表現出來的，只有兩人：一爲明朝的王守仁，一則淸朝的曾國藩。二人都是以書生而克平世亂，都是在千辛萬苦中把學問事業，磨練成功，都是戎馬倥傯之間，讀書為學不倦；不過王守仁天資高，是高明一路的人，故其為學途徑，多偏於上達一方面。於下學功夫，則言之頗少。曾國藩為篤實一路的人，處處腳踏實地，故其為學途徑，最合於下學之門。陽明之學學之不善，還會發生毛病；曾國藩的學問，則無論如何，都不會發生弊端。高明的人應該走這條路，遲鈍的人也應該走這條路，下學的工夫如此，上達的工夫亦不過如此。因為他對學問的見解，不與凡俗同，而自己又能身體力行的做出榜樣來，這便見得他的眞學問。他說：

今人都將學字看錯了，若細讀賢賢易色一章，則絕大學問，卽在家庭日用之間。於孝弟兩字盡一分，便是一分學；盡十分，便是十分學。今人讀書皆為科名起見，於孝弟倫紀之大，反似與書不相關；殊不知書上所載的，作文時所代聖賢說的，無非要明白這個道理。若果事事做得，卽筆下說不出何妨？若事事不能做，並有虧於倫紀之大，卽文章說得好，亦祇算個名教中之罪人。賢弟性情眞摯，而短於詩文，何不日日在孝弟兩字上用功。曲禮內則所說的，句句依他做出，務使祖父母父母叔父母無一時不安樂，無一時不順適，下而兄弟妻子，皆藹然有恩，秩然有序，此眞大學問也。道光廿三年六月六日致諸弟

人不讀書則已，亦既自名曰讀書人，則必從事於大學，大學之綱領有三：明德新民，止至善，皆我分內事也；若讀書不能體貼到身上去，謂此三項與我身了不相涉，則讀書何用？雖使能文能詩，博雅自詡，

亦只算得識字之牧豬奴耳，豈得謂之明理有用之人乎？……大學之條目有八，自我觀之，其致功之處，則僅二者而已，曰格物，曰誠意。格物，致知之事也；誠意，力行之事也。物者卽所謂本末之物也，身心意知家國天下皆物也，天地萬物皆物也，究其所以當定省之理，卽格物也；事兄隨行物也，究其所以當隨行之理，卽格物也；吾心物也，究其存心之理，又博究其省察涵養以存心之理，卽格物也，吾身物也，究其敬身之理，又博究其立齊坐尸以敬身之理，卽格物也；每日所看之書句句皆物也，切己體察卽格物也；此致知之事也。所謂誠意者，卽其所知而力行之，是不欺也，知一句便行一句，此力行之事也，此二者並進下學在此，上達亦在此。（道光二十二年十月二十六日致弟書）

這是他對學問的見解，能把書中之事，處處體貼到身上去。照此處所引第一段，好像他所謂大學問，只在孝弟兩字。看第二段，他解格物誠意，然後知我們隨時隨地，都應該在學問陶鎔中。讀書固然是在做學問，卽行止坐臥，亦卽是在做學問，大概學問之事，原無定項，居家則將家中做到藹然有恩，秩然有序。居國家天下，則使人民各安其所，近悅遠來，推而至於爲農爲圃爲工爲商，各思愼其職而敬其事，便是在做學問。孔子曰：『君子無終食之間違仁，造次必於是，顚沛必於是。』不違仁便是時時在做學問。朱子所謂『一息尚存此志不容稍懈，』都見得雖在造次顚沛之間，而爲學不輟。不但如此，還要能在職業的本身與環境的本身，去尋求學問。如前所云，農圃工商，就在農圃工商中去求學識，求進益，處困窮的環境，不但能不怨不尤，並且能樂道不渝，處富貴的環境，不但能不驕不泰，並且能謙禮下人，如此一一做到了，雖曰未學，吾必謂之學矣。

學的性質既如此廣大精微，無所不在，其範圍將如何規定呢？姚姬傳言學問之途有三：曰義理，曰詞章，曰考據。曾氏引申其義曰：義理一門，在聖門爲德行而兼政事，詞章則聖門言語之科，考據則聖門文學之科，此曾氏聖哲畫像記之言，蓋以說明姚氏之言耳。在他的日記中，則謂有義理之學，有詞章之學，有經濟之學，有考據之學。四者之中，義理一門，自然尤爲學問之本，立身之基。我以爲他生平成功多得力於此，而他生平用力之深，亦太半在此。當他三十二歲在京城充國史館協修官時，他自訂課程十二條，就見得他爲學的道路與身體力行的精神。其十二條中之重要者，摘錄如左：

一、主敬　整齊嚴肅，無時不懼，無事時心在腔子裏，應事時專一不雜，清明在躬，如日之升。

一、靜坐　每日不拘何時，靜坐四刻，體驗來復之仁心，正位凝命，如鼎之鎮。

一、讀書不二　一書未完，不看他書，東翻西閱，徒務外爲人。

一、養氣　氣藏丹田，無不可對人言之事。

一、日知所亡　每日讀書記錄心得語，有求深意是徇人。

一月無亡其能　每月作詩文數首，以驗積理之多寡，養氣之盛否，不可一味耽着，最易溺心喪志。

這個課程表，他終身行之，無大更變；所以他的成就，亦正能如其所期。現在就其所成就者分類而詳說之，則可列爲三大部門：曰修養，曰治事，曰讀書。所以不依曾氏義理詞章經濟考據四種分法者，爲其言不甚顯豁，而於本書性質尤不相宜，實則修養卽曾氏所謂義理之學，治事則經濟之學，讀書卽詞章之學與考據之學。他生平所治之學，可以此三種盡之。他對此三種，都有深刻的研究，精細的心得，極具體，極簡易的治學方法。他所治學問的內容，雖然未盡適合於今日，但是他治學的方法，確在在足以爲今人模範，是以本書所言，完全重在他的方法，而不一一述其學術內容。

第二章　曾氏氣度與學風

孟子曰：『頌其詩，讀其書，不知其人，可乎？』我們既知略曾氏對學問的意義與學問的範圍，都有很精微的解釋，我們更要進一步去研究他治學的方法，故不能不先知他的氣度與他的學風。知得他的氣度，然後知他學問事業造詣的根柢；知得他的學風，然後知他的治學方法所由來，並且可以明白何以頌其詩讀其書還不够，定要加一個知其人。大概不知其人的身世，徒讀其詩書，恐怕就時時要感覺書中言論，像是突如其來。譬如不明白荀卿的個性，乍看他書，就會疑惑他何以要主張性惡，何以開口就是人之生固小人。明白了他的性情行事，然後再看他書，就毫不奇怪了。因此我們在研究曾氏治學方法之前，定要有本章的敍述。

曾國藩的才質，並不能算是聰秀。老實點說，他的確是一位很拙鈍的學者，不但在他的日記、家書中間，常常發現他自己說他是天性魯鈍；就縱或他自己不說吧，我們只要看他修己治人齊家讀書諸事，幾無一處不見得他魯鈍或拘拙。魯鈍與拘拙並不是壞事，高明與聰穎，亦並不是好事。可以說曾氏一生得力處，就在他自知魯鈍，乃勤勤懇懇，孳孳矻矻，按步就班的去走下學上達困知勉行的道路。平常人壞處，就在自以為有幾分小聰明，於是聰明反被聰明誤，凡事好高騖遠，而不腳踏實地的去做，所以結果到還是魯鈍拘拙的人成功，以聖門學生而論，子貢比曾子聰穎得多了，然而孔子之道傳之曾子，賜不受命而貨殖焉。就可知孟子惡智，老子尚拙的深意了。我所謂曾氏的魯鈍拘拙，就是因為他的天性是篤實敦厚一路的人，而自己又深察平常人所謂聰明的危險，所以自己不知不覺就會做到魯鈍拘拙一路上去。然而拿他學問造詣和事業的成功來說，就要格外使我們深服他精神的可畏，另一方面說，假如我們自己感覺自己的天資不甚高明，也就不必自餒；卽自命是有幾分聰明的人，尤應該時自儆勵。

因爲他是誠篤一路的人，所以要看他的氣度，也該以此爲出發點。他氣度的表現，可以從兩方面觀察：一是他自己的立身爲人，二是他的待人接物。在敍述他這兩方面之前，我先引薛福成的一段話，可以概見這兩面的大要。他說：

> 曾國藩自通籍後，服官侍從，卽與故大學士倭仁，前侍郎吳廷棟，故太常寺卿唐鑑，故道員何桂珍，講求先儒之書，剖析義理，宗旨極爲純正。其清修亮節，已震一時，平時制行甚嚴，而不事表襮於外，立心甚恕而不務求備於人，故其道大而能容，通而不迂，無前人講學之流弊。繼乃不輕立說，專務躬行，進德尤猛。其在軍在官，勤以率下，則無間昕宵；儉以奉身，則不殊寒暑。久爲衆所共見，其素所自勗而勗人者，尤以畏難取巧爲深戒，雖禍患在前，謗議在後，亦毅然赴之而不顧。與人共事，論功則推以讓人，任勞則引爲己責。盛德所感，始而部曲化之，繼而同僚諒之，終則各省從而慕效之，所以轉移風氣者在此，所以宏濟艱難者亦在此。……其數十年逐日行事，均有日記，……戰兢臨履之意，溢於言表，此其克己之功，老而彌篤，雖古聖賢自强不息之學，亦無以過之也。——見庸盦文集

在這一段中，我們已可見得曾氏氣度的大略。關於他自己立身爲人的，則制行甚嚴而不事表襮於

外，立心甚恕而不求備於人，事務躬行，進德尤猛，不畏難，不取巧，雖禍福在前，謗議在後，亦毅然赴之而不顧。關於待人接物的，則論功則推己讓人，任勞則引爲己責，氣度是如此的恢宏闊大，安得不爲一代中心人物的中心？薛氏在他部下多年，我們相信薛氏的道德文章，當然是「汗不至阿其所好。」

他處處表現着腳踏實地的精神，所以他時時有猶恐失之的感覺。我們看他把日常功課立爲課表，每日照上面做，更於每晚做日記，自訟這一天言論行事得失，還恐怕有懈怠疏忽的地方，又常做出許多箴言，對聯，或者標幾個字在自己腦筋裏，做立身行事的標準，使隨時隨地有所鑒戒。這是翻開他的全集，處處可以見到的。我們統觀他的言論行事，可說是洗淨浮華樸實諳練，日積月累，如愚公之移山。若拿幾個抽象的名詞來表白他這種氣度，則謙恕勤恆四字，很可以代表。大概謙恕二字可以代表他待人接物的氣度，勤恆二字，則是他終身行事的不二精神。他嘗說：君子之道，莫善於能下，莫不善於矜。見雜誌氣節儆 又曰：『此身無論處何境遇，而敬恕勤字，無片刻可弛。』見日記 即此數語，可見得曾公氣度之一般了。

他的氣度是如此，所以造成他樸實諳練的學風。他覺得學問這件事情，是應該公之天下，不應該有主觀成見參雜其間，更不應該互相標榜，以成所謂門戶之見。在他家書中曾經說過：『信中言兄與諸君子講學，恐其漸成朋黨，然弟儘可放心。兄最怕標榜，常存闇然尙絅之意，斷不至有所謂門戶自表者也。』

這幾句話並不是偶然因其弟信中之言而爲此順便的解答，他對學問素來就未主張過門戶，他覺得各家的學問，都必有其長處，若能去短取長，則不但無門戶相標的必要，並且有兼取衆長的好處。這種泰山不讓土壤，河海不擇細流的態度，在清朝學者中，就不大多見。乾嘉年間的那些大師，自號漢學，於是醜詆宋人理學，不遺餘力，間有講理學者，則又或標程朱，以攻陸王；或標陸王以攻程朱，在他看來，都是不免於太自隘了。在他所著聖哲畫像記一篇之中，頗可以見得他對於各門學問都有兼收並蓄博采衆長的精神。他中間有一段說：『自朱子表章周子二程子張子，以爲上接孔孟之傳，後世君相師儒篤守其說，莫之或易。乾隆中，閎儒輩起，訓詁博辨，度越昔賢，別立徽志，號曰漢學，擯有宋五子之術，以爲不得獨尊；而篤信五子者，亦屏棄漢學，以爲破碎害道，斷斷焉而未有已。吾觀五子立言，其大者多合於洙泗，何可議也？其訓釋諸經，小有不當，固當取近世經說以輔翼之；又可屏棄羣言以自隘乎？』這是他顯然的不贊成漢學家與宋學家的互相攻擊。他覺得這樣互相攻擊，直是把自己看小了。因爲他是要兼綜漢宋之長以成文實並茂的學問，故不欲左袒以附一閧。且不獨於漢宋之爭爲然，於程朱陸王之爭，亦復如此。唐鏡海是曾氏的先生，著清朝學案小識，專尊程朱，而排陸王，於是就成一部著名的壞書。曾氏就不如此。他說：『朱子主道問學，何嘗不洞達本源？陸子尊德性，何嘗不實徵踐履？姚江（王陽明）宗陸，當湖（陸清獻）宗朱，而當湖排擊姚江，不遺餘力；當湖學派極正，象山姚江亦江河不廢之流。』（覆穎州夏教授書）以此態度，比之於唐鏡海的拘墟狹隘，眞是相去不可以道里計了。不但如此，在他日記中還有這樣幾句話：

以莊子之道自怡，以荀子之道自克，其庶爲聞道之君子乎？以禹墨之勤儉，兼老莊之靜虛，於修己治人之術，兩得之矣。周末諸子，各有極至之詣，其所以不及孔子者，有所偏至，卽彼有所獨缺，亦猶夷惠之不及孔氏耳！若游心能如老莊之虛靜，治身能如墨翟之勤儉，齊民能如管商之嚴整，而又持之以不自是之心，僞者裁之，缺者補之，則諸子皆可師不可棄也。

觀此數段，則知曾氏不但於漢宋之爭，朱陸之爭，認爲非學者應有態度，且欲合上下古今諸子百家於一爐而共治之，僞者裁之，缺者補之，以成其廣大深淵，這種毫無主觀成見，納百川於一海的爲學精神，乃爲曾氏治學方法中的主要條件；故欲論曾氏的學風，不可不首先知道他這種博采衆取，不主門戶，不尙標榜的氣概。

其次在他學風中佔重要地位者，就要算他那困勉的工夫。他嘗說：『天下事未有不從艱苦中得來，而可久可大者也。』又曰：『百種弊病，皆從懶生，懶則弛緩，弛緩則治人不嚴，而趣功不敏，一處懈，則百處懈矣。』這幾句話，可算是他爲學精神的綱領。他所以能如此艱苦卓越，不稍弛緩者，正因爲他把學問目標立得很遠大，故日求赴之不敢荒懈，蓋即莊子所謂：「適千里者三月聚糧」之意了。我們看他的座右銘「不爲聖賢，便爲禽獸；不問收穫，第問耕耘。」即可知其所期之遠大，與用力之不可以不勤勉了。且人非生知安行者，凡事總得帶幾分勉强，才能有所成就，常人之畏難苟安，就是不願意勉强。不知「雖小道必有可觀者矣，」所謂可觀，就是說雖是一件小能小藝，都必定要經過若干勉强力行，然後才可以有這小小的成就。曾氏對困勉的境界，體會至爲深透，茲錄數段如左：

余於凡事皆用困知勉行功夫，爾不可求名太驟，求效太捷也，以後每日習柳字百個，單日以生紙臨之，雙日以油紙摹之。臨帖宜慢，摹帖宜疾，專學其開張處，數月之後，手愈拙，字愈醜，意興愈低，所謂困也。困時切莫間斷，熬過此關，便可少進。再進再困，再熬再奮，自有亨通精進之日；不特習字，凡事皆有極困難之時，打得通的，便是好漢。家訓致紀鴻

人性本善，自爲氣稟所拘，物欲所蔽，則本性自失；故須學焉而後復之。失又甚者，須勉强而後復之。……凡有血氣，必有爭心，人之好勝，誰不如我？施諸己而不願，亦勿施於人，此强恕之事也。一日强恕，日日强恕，一事强恕，事事强恕，久之則漸近自然，以之修身則順而安，以之涉世則諧而祥，孔子之告子貢仲弓，孟子之言求仁，皆無先於此者；若不能勉强而聽其自然，以頑鈍之質而希生安之效，見人之氣類

與己不合，則隔膜棄置，甚或加之以不能堪，不復能勉强自抑，舍己從人，傲惰彰於身，乖戾著於外，鮮不及矣。莊子有言：「刻核太甚，則人將以不肖之心應之。」董生有言：「强勉學問，則聞見博而知益明，强勉行道，則德日進而大有功，」至哉言乎。（見雜著勉强）

余觀自古聖賢豪傑，多由强作而臻絕詣。淮南子曰『功可强成，名可强立。』中庸曰：『或勉强而行之，及其成功一也。』近世論人者，某也向之所爲不如是，今强作如是，是不可信，沮自新之途，而長偷惰之風，莫大乎此。（見雜著勉强）

這幾段發揮困勉的意義與效益，可謂淋漓盡致；並且他這言論，並沒有一句高遠的理論，都是很平易的事實，而且句句都是他自己經驗過來，有方法，有步驟，只要按照他這方法去做，不會沒有效益的。怕的就是稍遇困難，就不願勉力前進，就成爲中道而廢。於是成者愈成，止者愈止，最後乃變成相懸甚遠的兩樣人。我們看他教紀鴻用困勉工夫的方法，是何等親切？大概宇宙間無論那一種學問，絕沒有不須勉强力學就可成功的；縱令有了，這種學問的價值，也就有限。假如這一門學問，是可以不須勉强學成，如目之能看，耳之能聽，則根本這種機能就不必稱爲學問，既成爲一種學問，必其中須要若干心力，若干困難，且必以我精神勝過困難，然後庶乎有得。勝過小困，則有小得；勝過大困，始有大得。試看古今中外之大學問家，那一個不是勝過重重疊疊的困難，然才有所成功。曾氏所舉寫字之例，就是一個榜樣。他說：『數月之後，手愈拙，字愈醜，意興愈低，所謂困也。』這幾句話，只要我們曾在任何一門學問上用過功力，都會領略得到；不過我們當這個困的時期，是怎樣的情形呢？勉力前進呢？廢然摧沮呢？當然有很多的人是勉力前進，以求達他最後的目標，但恐怕畏難苟安，萎縮不前者，定亦不在少數。所以他接着就說：『困時切莫間斷，熬過此關，便可少進，再進再困，再熬再奮，自有亨通精進之日。』看他用這一個「熬」字，就可知道這個關頭，確不容易過去，苟沒有堅忍的耐心與精力，恐就難免要被困難阻撓了吧。而且這個困難，還不只一次，雖然熬過一次，便有少許進步，但是方見進步，却又有第二次的困難，定要經過若干次的「熬」若干次的「奮」，然後才有亨通精進的境界。這若干次的困進，就不是一般淺嘗輒止的人們所能打過。所以他說：『打得通的，便是好漢。』這一段他描繪困勉工夫，最爲透澈，可以說是他自述其學問心得，以教其子，也可以說他在發揮學問上必經的道路；這種困勉的工夫，不但是他自己凡事皆用，並且教導子弟，教導友朋部屬，都是這一套法門。因爲他認定學者自讀書以至於復性，做聖賢豪傑，都不可舍勉强而聽其自然，所以困勉工夫，也是他學風中重要之一。

此外還有一種，也在他學風中佔有地位，就是求闕的精神。他因爲時時要戒驕傲，戒懶惰，所以時時刻刻惟恐自己犯自滿的毛病，乃顏其居曰求闕齋，就是表示要求闕的意思。原來人的學問，到稍有造詣的時期，誠難免傲然自足，輕視他人，因此他乃處處存一個求闕的念頭；處處求闕，自然無形中就不會自足與輕視他人。這還是就消極一方面說；凡人能時時刻刻求自己的闕，則其進德修業，亦必較他人爲猛，這都是求闕精神的效益。然而他自己所謂求闕者，則完全出於臨深履薄之心，惟恐高而致危，滿而致溢，他全生的學問事功都時時帶有這種惕勵之心。他自己嘗說：『余居京師，自名所居曰求闕齋，恐以滿盈致吝也。人無賢愚遇凶皆知自悔，悔則可勉於災戾，故曰震无咎者存乎悔，動心忍性，斯大任之基，側身修行，乃中興之本，自古成大業者，未有不自困心橫慮覺悟知非而來者也。吝則馴致於凶，悔則漸趨於吉，故大易之道，莫善於悔，莫不善於吝。吾家子弟，將欲自修而免於毀尤，有二語焉：曰無好快意之事，常存省過之心。』（見雜著悔吝參閱所著求闕齋記）這幾句很可以概括他求闕的意義，這種意義在他治家的學問上，表露尤多，是以其教訓子弟，常以遷善改過，持滿戒盈爲務。他曾說：

吾人只有進德修業兩事靠得住，進德則孝弟仁義是也，修業則詩文作字是也。此二者由我作主，得尺則我之尺也，得寸則我之寸也。今日進一分德，便算積一升穀，明日修一分業，又算餘了一文錢；德業並增，則家私日起，至於功名富貴，悉由命定，絲毫不能自主。（道光二十四年八月廿九日致四位弟書）

季弟書中言每思留心於言行之差錯，以時時儆惕，余觀此語，欣慰之至。凡人一身，只有遷善改過四字可靠，凡人一家，只有修德讀書四字可靠，此八字者，能盡一分，必有一分之慶，不盡一分，必有一分之殃，其或休咎相反，必其中有不誠，而所謂改過修德者，不足以質諸鬼神也。吾與諸弟勉之又勉，務求有爲善之實，不使我家高曾祖父之積累自我兄弟而剝喪，此則余家之幸也。（咸豐元年七月廿八日致諸弟信）

照這一類意思，在他家書和日記裏面，可算是觸目皆是。他有了這個觀念在心目中，所以不敢自是，不敢自滿，以養成他虛懷若谷的治學精神；這種精神，並不是可以虛僞掩飾做成門面的，更不是畏神畏鬼，迫於迷信的，苟其如是，則行之不能自然；且至大利害衝突的時期，就會顯現出很大的裂痕。他是完全由於心志遠大，目光遠大，且深信孟子「求在我」與「求在人」之意義，溶化而來。遷善改過，修德讀書，皆求之在我，且可久可大，而毫無扞格。積穀積錢，皆求之在人，且過眼煙雲，瞬即剝喪。雖然，此理甚明，常人皆可見到，然而非有深厚學養，即不能做到。曾氏係將修養事功讀書聯成一片，幾無時無地不是他研究學問的場所，無事不是他研究學問的資料，故他這求闕的精神，雖稍偏於個人的反省，與治家的儆惕，我亦認爲是他學風之一。

由上面的敍述，可以知道他的氣度是謙恕勤恆，而學風則爲不立門戶，困知勉行，與求闕。他的氣度自然是他學養的成績，亦可以說他的學問事功；亦因他的氣度而更光輝充實；至於他的學風，則又爲他的治學方法根柢，請於以下各章分述之。

第二編　修養

第三章　修養的旨趣

修養這件事，可說是一切學術的出發點，雖然各人所學並不一致，但必經過一段修養工夫，這學問才靠得住。譬如說任何一種學問，總得具有恆心者，才能有所獲得，這恆心就必須養而後有。又譬如做學問的必具有一副好身手，然後才能運其所學，而爲世用，這好身手就必須繼續修練才能成功。所謂養而後有，所謂繼續修練，就是最淺顯的修養。且人之爲學，所以學爲世用，苟不早具良好習慣，則一入社會，鮮有不格格不入，雖有技藝，亦無由表達了。故凡書本文字之外，心性行爲上的良好習慣，身體器官上的良好技能，所謂養成健全體格，均非切實修養不會成功。且也這些習慣與技能，苟毫無修養，則知識愈富，爲害愈多，根本就談不到學問。社會進步，知識技藝，當然有極重大的用場，但是我們苟不把內心先養好了，則知識技藝，且無所容。是故我們先有了內心的修養，就好像備了一副舟車，有了舟車，然後可以容載許多穀物，沒有這副舟車，雖有穀物，將無所收束，勢將狼籍滿地，非但無濟於用，猶將感覺討厭了。所以學者身心的修養，確是一切學問的源泉。宋明理學家，就是因爲感覺有一部分學者太舍本逐末了，以爲知識技藝就是學問，所以他們大聲疾呼，在那裏喊誠意正心，喊得太起勁了，又往往會矯枉過正，專門在誠意正心上面做工夫，而忘了誠意正心之後，還有治國平天下的事業；更有時會把誠意正心修身齊家治國平天下分成兩截，以爲修身以上是一事，修身以下又是一事，好像一個人要派若干年工夫去做修身以上的事，然後才能談到齊家治平的事。不知如此做去，非但不切實，並且很危險；因爲修養而不切於實際，空空洞洞關起門來去做，自然有一部分是可以的，而且是應該的，——如靜坐等；然若終其身都是空空洞洞，關起門來造車，出門就難以合轍。且人所最難制勝者，莫如名利關頭，空談屏除名利之見，是容易的，到眞實名利來了，還能淡然恝置，不爲所動，就要看眞實的修養工夫了。所謂眞實的修養工夫，我則以爲最好方法是就事上去修練，不然，徒託空言，遇事即見痕跡，其原因就是因爲離開事實去談修養，所以愈修養愈迂腐，離開社會愈遠，到最後他便專去做修身以上的一段工夫，修身以下一段的工夫就完全廢置了。如此做去，即使做得好的，號稱道德高尚，亦不過是靜的道德，病的道德，與社會無甚實用的道德，此所以中國從前學者往往滿腹文章，而不能任天下之事者，就是出於此途。做的不好，所謂見獵心喜者，一到名利關頭，則前功盡棄，世人所稱爲僞道德僞君子者，盡是出於此途。兩種毛病，都是因爲修養時期，離開事實太遠的原故。

故吾人不談修養則已，談修養則必就事論事，才有實效，亦才有生趣。譬如我們日常工作，處處不苟，待人接物，時時謙和，一有苟且傲慢，便立自譴責，立自改悔，這便是修養的實效；故凡離開事實太遠而談修養者，都不免空洞而有流弊。曾國藩氏之學術事功，都能如此輝煌者，全因爲他修養工夫的深厚，而修養工夫之所以能切於實際，就是因爲他不落空，日常工作，遇事反省，遇讀書寫字就在讀書寫字上求修養，遇待人接物，卽在待人接物上求修養，帶兵卽在帶兵上求修養，從政卽在從政上求修養，可算隨時隨事都是他修養的資料。他把修養，看做合於實際應用的事實，所以他的修養工夫，處處能有生發的興趣。

第一是事業上的興趣第二是身心上的興趣。

怎樣是事業上的興趣？因爲他拿辦事當練習才能，修養身心的工具，所以他處處感覺事業上的興趣。事體順手，固然有興趣，卽事體棘手，亦可借以磨練經歷，開拓胸襟，所以他說：

凡辦一事必有許多艱難波折，吾輩總以誠心求之，虛心處之。心誠則志專而氣足，千磨百折而不改其常度，終有順理成章之一日；心虛則不動客氣，不挾私見，終可爲人共亮。大抵任事之人，斷不能有譽而無毀，有恩而無怨，自修者但求大閑不踰，不可因譏議而餒沈毅之氣。衡人者但求一長可取，不可因微瑕而棄有用之才，苟於嶢嶢者遇事苛求，則庸庸者反得倖全。

遇棘手之際，須從耐煩二字，痛下工夫。

喜譽惡毀之心，即鄙夫患得患失之心也；於此關打不破，則一切學問才智，實足以欺世盜名。

我輩辦事，成敗聽之於天，毀譽聽之於人，惟在己之規模氣象，則我有可以自立者，亦曰不隨衆人之喜懼爲喜懼耳！

天下惟忘機可以消衆機，惟懵懂可以祓不祥。

這幾段都是他在辦事上得到的修養心得，這些心得都絕不是關起門來空談修養者所能夢見。大概他自己先立一個光明磊落的定見，然後收羅各方人才，順這個定見做去，然後再以誠心求之，虛心處之；至於艱難波折，則早在他預計之中，雖千磨百折，而不改其常度。因爲他相信只要自己果誠心，果虛心，不動客氣，不挾私見，終可爲人所共亮，即未得共亮而有毀謗，他也只問自己的心胸是否磊落光明，假如問心無愧，有可以自立之道，則毀譽皆聽之於人，不做鄙夫患得患失的態度。我們看他初起湘鄉的時候，因當時兵政廢弛，土寇蜂起，地方官畏葸養癰，曾氏則力主嚴明，十旬之中，戮二百餘人，一時謗讟四起，至有「曾剃頭」之稱，然而曾氏不爲所動，而卒成削平內亂之大功，這便是他沈毅之氣，始終不餒的功效。他何以能如此呢？我以他的祕訣，就在一面「從耐煩二字痛下工夫，」一面能「忘機。」我們平常所以債事，恐怕就因爲不能耐煩的原故吧？因爲不能耐煩，故遇棘手之際，則猜疑嫉恨之心，往往緣之而起。也許他人原沒有機心，倒因我先有機心而引起他人之機心，則事安有不敗之理？他之所謂「忘機能消衆機，」就是蕭王推赤心置人腹中的氣度。如此，可以說他是在辦事，亦可以說他是在借事以磨練經歷，開拓胸懷，更可以說因經歷胸懷之修練，而所辦之事，更能順理成章。這是因爲修養工夫而得到事業上的興趣。

怎樣是身心上的興趣呢？大概提起修養兩個字，或者就會有人要認爲是腐儒的口頭禪吧？誠然，不談修養則已，一談修養，總是一開口就是愼獨呀，主敬呀，誠意正心呀，把活潑潑地青年，幾乎要拖到墳墓裏去，才算是修養的功效；這樣安得不被人們認爲迂腐之談呢？然而曾氏的修養旨趣，却不如此。他除了事業上的修養之外，常把最緊要的修養工夫，撮成幾項，再將工夫的境界與修養之實效，一一從自己經驗中敍述出來，使後生感覺修養這件事並不枯燥沉悶，而且易知易行，生趣勃發。所以我感覺得他所指示人的修養途徑，處處都與實際生活有關，而無絲毫玄遠空洞之病。他曾自訂修養日課四條，錄其大要如左。

一曰愼獨則心安　自修之道，莫難於養心；心既知有善，知有惡，而不能實用其力，以爲善去惡，則謂之自欺；方寸之自欺與否，蓋他人所不及知，而己獨知。……曾子所謂自反而縮，孟子所謂俯不愧仰不怍，所謂養心莫善於寡欲，皆不外乎是。故能慎獨則內省不疚，可以對天地質鬼神，斷無行有不慊於心則餒之時，人無一內愧之事，則天君泰然，此心常快足寬平，是人生第一自强之事，第一尋樂之方，守身之先務也。

二曰主敬則身强　敬之一字，孔門持以敎人，……內而專靜純一，外而整齊嚴肅，敬之工夫也；出門如見大賓，使民如承大祭，敬之氣象也；修己以安百姓，篤恭而天下平，敬之效驗也；……敬字切近之效，就在能固人肌膚之會，筋骸之束，莊敬日强，安肆日偷，皆自然之應徵，雖有衰年病軀，一遇壇廟祭獻之時，戰陣危急之際，亦不覺神爲之悚，氣爲之振，斯足知敬能使人身强矣。若人無衆寡，事業無大小，一一恭敬不敢怠慢，則身體之强健，又何疑乎？

三曰求仁則人悅　凡人之生，皆得天地之理以成性，得天地之氣以成形，我與民物，其大本乃同生一源，若但知私己而不知仁民愛物，是於大本一源之道，已悖而失之矣。至於尊官厚祿，高居人上，則有拯民溺救民飢之責，讀書學古，粗知大義，卽有覺後知覺後覺之責；若但知自了而不知敎養庶彙，是於天之所以厚我者辜負甚大矣。……後世論求仁者，莫精於張子之西銘，彼其視民胞物與，宏濟羣倫，皆事天者性分當然之事，必如此乃可謂之人，不如此則悖德曰賊。誠如其說，則雖盡立天下之人，盡達天下之人，而曾無善勞之宜，信人有不悅而歸之者乎？

四曰習勞則神欽　凡人之情，莫不好逸惡勞，無論貴賤智愚老少，皆貪於逸而憚於勞，古今之所同也。人一日所著之衣，所進之食，與一日所行之事，所用之力相稱，則旁人韙之，鬼神許之，以爲彼自食其力也。若農夫織婦，終身勤動，以成數石之粟，數尺之布，而富貴之家，終歲逸樂，不營一業，而食必珍羞，衣必錦繡，酣豢高眠，一呼百諾，此天下最不平之事，鬼神所不許也，其能久乎？……爲一身計，則必操習技藝，磨練筋骨，困知勉行，操心危慮，而後可以增智慧而長才識；爲天下計，則必己飢己溺，一夫不獲，引爲余辜。……　軍興以來，每見人有一材一技，能耐艱苦者，無不見用於人，見用於時。其絕無材技，不慣作勞者，皆唾棄於時，飢凍就斃。故勤則壽，逸則夭；勤則有材而見用，逸則無能而見棄；勤則博濟斯民而神祇欽仰，逸則無補於人而神鬼不歆；是以君子欲爲人神所憑依，莫大於習勞也。

這四條可以算是他的修養要旨，簡明切實，不但容易躬行，並且他還給人多少鼓勵。人能照此四條做去，豈但是處事泰然，抑且身心爽快，無時不在精神飽滿之中，用這飽滿精神去做事業，還會有苟且偷情的氣象嗎？他曾說：古之君子，修己治家，必能心安身强，而後有振興之象。他是每夜以此四條相課，每月終以此四條相稽，我們觀此可知他的修養工夫，完全是腳踏實地，全不蹈空虛口頭禪的毛病。

他又曾把一切身心修養，歸納到不忮不求上面去。蓋詩云：『不忮不求，何用不臧？』不忮不求，則一切行爲皆無過失，修養之事畢矣。他說：『聖賢敎人千言萬語，而要以不忮不求爲重。忮者嫉賢害能，妒功爭寵，所謂怠者不能修，忌者畏人修之類也。求者貪利貪名，懷土懷惠，所謂未得患得，既得患失之類也。忮不常見，每發露於名業相伴，勢位相埒之人；求不常見，每發露於貨財相接，仕進相妨之際。將欲造福，先去忮心，所謂人能充無欲害人之心，而仁不可勝用也。將欲立品，先去求心；所謂人能充無穿窬之心，而義不可勝用也。忮不去滿懷皆是荊棘，求不去滿腔日卽卑汚，』他把這兩件事，說得如此透澈，眞是暮鼓晨鐘，發人深省。人能把這兩件事常常在心裏提撕猛省，自然修養之功，可以自進。

本章既說明了他的修養旨趣，至其修養方向與方法，大概可從兩方面觀察，一精神方面，二身體方面，以下分兩章述之，

附錄曾氏忮求詩二首

善莫大於恕，德莫凶於妒；妒者妾婦行，瑣瑣奚比數？己拙忌人能，己塞忌人遇。己若無事功，忌人得成務；己若無黨援，忌人得多助。勢位苟相敵，畏偪又相惡。己無好聞望，忌人文名著；己無賢子孫，忌人後嗣裕。爭名日夜奔，爭利東西騖，但期一身榮，不惜他人汚。聞災或欣幸，聞禍或悅豫。問渠何以然，不自知其故。爾室神來格，高明鬼所顧，天道常好還，嫉人還自誤。幽明叢詬忌，乖氣相迴互。重者裁汝躬，輕亦減汝祚。我今告後生，悚然大覺寤，終身讓人道，曾不失寸步；終身祝人善，曾不損尺布，消除嫉妒心，普天零甘露。家家獲吉祥，我亦無恐怖。

知足天地寬，貪得宇宙隘，豈無過人貌？多欲爲患害！在約每思豐，居困常求泰；富求千乘車，貴求萬釘帶；未得求速償，既得求勿壞，芳馨求椒蘭，盤固方泰岱，求榮不知饜，志亢神愈忲。歲燠有時寒，日明有時晦；時來有善緣，運去生災怪。諸神不可期，百殃紛來會，片言動招尤，舉足便有礙。戚戚抱殷憂，精爽日凋瘵，矯首望八荒，乾坤一何大？安榮無遽欣，患難無遽憝。君看十人中，八九無倚賴，人窮多過我，我窮猶可耐。而況處夷塗，奚事生嗟愾？於世少人求，俯仰有餘快，俟命堪終古，曾不願乎外。

第四章　精神的修養

精神是人生的本源，人之所以為人者，形體是一個軀殼，必定要有精神，形體才能發生效用。一旦精神完了，形體不但是全無效用，並且也決不能支持，所以精神是形體之主，把這形體之主養得好了，形體自然動靜咸宜。淮南子曰：『血氣者人之華也，而五藏者人之精也，夫血氣能專於五藏而不外越，則胃腹充而嗜欲省矣，胃腹充而嗜欲省，則耳目清聽視達矣；耳目清聽視達，謂之明。五藏能屬於心而無乖，則敦志勝而行不僻矣。敦志勝而行不僻，則精神盛而氣不散矣；精神盛而氣不散則理，理則均，均則通，通則神，神以視無不見，以聽無不聞也，以為無不成也。是故憂患不能入也，而邪氣不能襲。』精神訓這一段說明精神是人生本源，至為透澈，所謂精神盛而氣不散。拿一句膚淺的話來說，就是精神飽滿而不外露的氣象。有了這個氣象，則視無不見，聽無不聞，為無不成；沒有這個氣象，則不免於飛揚散漫，昏亂荒遺，所謂視而不見，聽而不聞，食而不知其味，就是因為精神不能貫注而已。故必先做到精神盛而氣不散，然後才談到學問事業，古今聖哲在這一點上用的工夫，確不在少數，所謂存心養性，養氣存誠立大……都不過是要做這個內心的工夫罷了。

曾氏的學問事業，都有很驚人的成就。我們看他的日記，看他的家書，以及他與人相往還的書信中，處處見得他是毋怠毋荒，絲毫不苟。這全是因為他有過人的精神，才能如此。而也就是他學問事業成功的根源在他日記中曾說：『精神要常令有餘，於事則氣充而心不散漫。』他生平很歡喜讀孟子養氣章，我覺得他這幾句話就是得力於養氣章中的境界。所謂於事則氣充，正是不餒的情形；心不散漫，就是「必有事焉，」就是前面所說的精神飽滿而不外露。因為他能精神飽滿而不外露，故能勤懇奮勉，不求苟安。再看那些苟安怠惰的人，總是精神不足的緣故。精神之所以不足，一方面是養之不得其宜，一方面是用之不得其當。淮南子曰：『耳淫於聲色之樂，則五藏搖動而不定矣。五藏搖動而不定，則血氣滔蕩而不休矣。血氣滔蕩而不休，則精神馳於外而不守矣。』精神訓 這幾句話正是說明精神不足的原因。——養之不得其宜，用之不得其當，都在其中了。現在我們要研究曾氏怎樣養他的精神，和怎樣用他的精神，不可不先求他修養精神的一個綫索。我覺得他對精神的本體說，是要常令有餘，就精神的效用說，則求歸之於仁。怎樣把這兩種聯到一起，以達到這個欲望，就要看養的方法與養的步驟了。

修養精神，全是內心的；故凡所謂治心之道，懲忿窒慾，靜坐養心，平淡自守，改過遷善……等，都屬於精神的修養，在他學問中要占大部分的工夫，也是他生平學問事業的最得力處，所以在他全集中，尤其是家書與日記中，關於這類言論，載的特多，茲言其次第如左：

治心之道，先去其毒，陽惡曰忿，陰惡曰慾。治身之道，必防其患，剛惡曰暴，柔惡曰慢。治口之道，二者交惕：曰愼言語，曰節飲食。凡此數端，其藥維何？禮以居敬，樂以導和。陽剛之惡，和以宜之；陰柔之惡，敬以持之；飲食之過，敬以儉之；言語之過，和以斂之。敬極肅肅，和極雍雍，穆穆緜緜，斯爲德容，容在於外，實根於內，動靜交養，睟面盎將。（日記）

方今天下大亂，人懷苟且之心，出範圍之外，無過而問焉者。吾輩當立準繩，自爲守之，並約同志共守之，無使吾心之賊，破吾心之牆子。（日記）

人必虛中不着一物，而後能眞實無妄。蓋實者不欺之謂也。人之所以欺人者，必心中別着一物，心中別有私心，不敢告人，而後造僞言以欺人；若心中了不着物，又何必欺人哉？其所以欺人者，亦以心中別着私物也。所知在好德，而所私在好色；不能去好色之私，則不能不欺其好德之知矣。是故誠者不欺者也，不欺者心無私着也，無私着者至虛者也。是故天下之至誠，天下之至虛者也。當讀書則讀書，心無著於見客也；當見客則見客，心無著於讀書也。一有著則私也。靈明無著，物來順應，未來不迎，當時不雜，既過不戀，是之謂虛而已矣，是之謂誠而已矣。（日記）

這幾段可以代表他精神修養的總綱。此處所謂治身治口，似乎是屬於形體；然而他係就禮以居敬，樂以導和方面立言，實根於內。他在消極方面，是要去其毒，防其患，愼言語，節飲食；但在積極方面，則有「

敬」字與「和」字做律身的準則。他因爲單講一個「敬」字恐怕太拘謹了，太枯燥了，因而加上一個「和」字生活上便可以加許多生趣。他曾說：『吳竹如言「敬」字最好，予謂須添一「和」字。則所謂「敬」者，方不是勉強矜持卽禮樂不可斯須去身之意。』這就可以證明一個「敬」字，不免於呆板，甚至流到僞君子一條路上去；有個「和」字，就可以活潑和藹，出於自然。他平生氣象，很可以這兩個字包之，並且有此積極的修養目標，則消極的防範，不至於落空。所謂無使吾心之賊，破吾心之牆子，心之賊就是忿慾一類的過失，心之牆子，就是積極方面的目標，也可以說就是此處所云之敬與和。更進一步，眞實無妄，是心中牆子，作僞欺人，便是心中之賊。他所謂虛中不着一物，就是要把私心完全去掉，如太虛境界，然又不是完全着空，只是心中不要有私着，殆如孟子所謂「專心致志，」莊子所謂「用志不分，乃凝於神。」他指示我們的例子——當讀書則讀書，心無著於見客；當見客便見客，心無著於讀書。這是再顯明切實沒有了。但是心如何能如此的受我們指揮，可以未來不迎，當時不雜，既過不戀呢？這便是靠我們修養工夫了。我嘗以爲養心之道，很像飼養禽獸，必定要先把牠野性養馴服了，然後可向積極方面去指導牠有意識的動作。野性完全馴服了，是此處所謂至虛；能做有意識的動作，是此處所謂至誠。

以上所述治心之道，可算是他精神修養上的綱領；其細目如何呢？我以爲可分三層來說：第一層是靜坐，第二層是平淡，第三層是改過。茲依次述之。

靜坐這層工夫，是儒道釋三家共有的初步門徑。儒者所謂定而后能靜，靜而后能安；道家所謂致虛極，守靜篤，都是把靜字看做學者最重要的工夫。至於佛家要求明心見性，更要先有靜的境界，然後才能達到。我們平常的精神，總是飛揚散漫，在此飛揚散漫的精神上，要去談學問，談工夫，談境界，談心得，豈不等於南轅北轍？所以我覺得不管做那門學問，沒有一副靜的精神，總不容易得到學問中的精蘊。現在所謂冷靜的腦筋，仍是靜的意味。必先具着冷靜的腦筋，然後可以鑑別自己的長短得失，不然便難逃主觀成見的遮蔽了；所以靜的精神，竟是一切學問的入門基礎。在未能達到靜的境界之先，只有用靜坐的方法來訓練。我嘗說：我們這種飛揚散漫的精神，猶如一盆泥漿水，要想拿這一盆泥漿水去照物，只有把這盆水擺在那裏不動，慢慢待他把泥漿沈下去，上面便是清水，可以照物了。靜坐的工夫，就是要把我們心中泥漿——私慾沈下去，漸漸提掉，使他清能照物，便是把飛揚散漫的精神，漸漸訓練到靜的境界了。曾氏養心之法，當然也不出乎此。他說：

靜字全無工夫，欲心之凝定，得乎？日記

樹堂來與言養心養體之法，渠言舍靜坐更無下手處，能靜坐而天下之能事畢矣。因教我焚香靜

坐之法，所言皆閱歷語，靜中眞味，煞能領取。又言心與氣，總拆不開，心微浮則氣浮矣，氣散則心亦散矣。日記

神明則如日之升，身體則如鼎之鎭，此二語可守者也。推心到靜極時，所謂未發之中，寂然不動之體，畢竟未體驗出眞境來。意者只是閉藏之極，逗出一點生意來，如冬至一陽初動時乎？貞之固也，乃所以爲元也；蟄之壞也，乃所以爲啓也。穀之堅實也，乃所以爲始播之種子也。然則不可以爲種子者，不可謂之堅實之穀也。此中無滿腔生意，若萬物皆資始於我心者，不可謂之至靜之境也。然則靜極生陽，蓋一點生物之仁心也。息息靜極，仁心之不息，其參天兩地之至誠乎？顏子三月不違，亦可謂洗心退藏極靜中之眞樂者矣。我輩求靜，欲異乎禪氏入定，冥然罔覺之旨，其必驗之此心，有所謂一陽初動，萬物資始者，庶可謂之靜極，可謂之未發之中，寂然不動之體也。不然，深閉固拒，心如死灰，自以爲靜，而生理或幾乎息矣，況乎其並不能也。有或擾之，不且憧憧往來乎？深觀道體，蓋陰先於陽，信矣；然非實由體驗得來，終掠影之談也。日記

右引三節，都是說明靜字的重要，與靜坐的境界。他說：能靜坐而天下之能事畢矣，我們驟然看去，似乎把靜坐這件事，看得太神通了；其實就是說人的精神，不能沈靜下去，則心總是散漫的，氣總是浮動的，

對事理不會看得清楚，自己做事也不會着實。甚至自己身體都不能保養得宜。他曾說：若不靜，省身也不密，見理也不明，都是浮的，總是要靜，然後知養心養體，乃至於做一切學問，都是含靜坐更無下手處。至其所謂心到靜時，未發之中，寂然不動之體一大段的意思，無非要發明儒者求靜，欲異乎禪氏入定，冥然罔覺之旨，與道家形如槁木，心如死灰的境界。這一點我則以為曾氏猶未免前人門戶之見，實則靜坐之理，至宋儒而大明，宋儒之所以篤信此道，甚至以半日讀書半日靜坐者，完全是得之於佛道二家，儘可他們嘴裏喊着排斥二氏，但是暗地還是同他們往還很密，而學問方法——尤其是靜坐方法，與學問見地，亦確實受佛道不少益處。然而他們偏要喊出吾儒之道，怎樣廣大精微，抹煞人家長處，這是宋儒的淺陋。以靜字論，其本體上三家原沒有什麼不同，或者宋儒所得的境界，未能如釋道之精深則有之，定要在這當中，找出不同之點，以求尊重儒者，不但淺陋，且更穿鑿。曾氏此段之論，即未免於此，蓋猶宋儒之遺病也。

靜坐以外，他所期望精神上的，便是平淡的境界。平淡，我以為就是老子所謂淡泊寡欲。不能淡泊寡欲，外物便不免擾亂其心，心中就不平不淡，精神便要時時受累了。所以他說：

胸襟廣大，宜從平淡二字用功。凡人我之際，須看得平；功名之際，須看得淡，庶幾胸懷日闊。（日記）

余生平雖頗好看書，總不免好名好勝之見，參預其間；是以無孟子深造自得一章之味，無杜元凱優柔饜飫之趣，故到老而無一書可恃，無一事有成。今雖暮齒衰邁，當從敬靜純淡四字上痛加工夫；縱不能如孟子元凱之所云，但養得胸中一種恬靜書味，亦稍足自適矣。日記

偶作聯語以自箴云：「禽獸還人，靜由敬出；死中求活，淡極樂生。」一本孟子夜氣章之意，一本論語疏水曲肱章之意，以絕去梏亡營擾之私。日記

在這幾段中，可以見得他所謂平淡二字的意義，與自己痛恨心胸未能平淡的情狀。可知常人胸襟不能廣大，全是物質之念太重，功名之念太重。更簡單些便是私慾營擾於心，使精神無安靜的時期，自然更談不到快樂。他所謂從敬靜純淡上痛加工夫，與所謂淡極樂生，都是要使心中平淡，不致有梏亡營擾之私，務使精神恬靜寡欲，不受外物之累，庶幾廓然大公，物來順應，然後可以日即於光明之域。

存着這個意念，做修養的規範，修養才不落空，才不至拘泥於物而無所適從，自己時時可以檢點自己的心境，果能平淡了麼？便是進益；自覺尚未能平淡，則尋究其所以未平淡的原因：或者是好名好勝？或者是好色好貨？尋得病根，然後就病根上痛下針砭，這便是所謂改過，實則仍是平淡修養的又一面——消極方面罷了。曾氏對改過很勇，他所以要立日記冊子，日日不稍間斷，爲的就是要能收得改過之效，我們看他全書中，其自怨自艾自責自訟的地方多極了，他初號伯涵，二十一歲時，改曰滌生。他說滌者，取滌

其舊染之污也生者取袁了凡之言，「從前種種譬如昨日死，以後種種譬如今日生」也。他又說：『吾家子弟，將欲自修而免於愆尤，有二語焉曰無好快意之事，常存省過之心。』於此可見他的改過精神了。凡他所作之銘聯箴言，及全書中所常見之格言警句單字等，都爲的是要借做提醒警惕的工具，即是借做改過的針砭。茲舉其要者如左：

日來自治愈疏矣！絕無瑟僩之意，何貴有此日課之冊？看來只是好名：好作詩名心也，寫此冊而不日日改過，則此冊直盜名之具也。亦既不克痛湔舊習，何必寫此冊？

自立志自新以來，至今五十餘日，未曾改得一過，此後直須澈底盪滌，一絲不散鬆，從前種種譬如昨日死，以後種種譬如今日生，務使息息靜極，使此生意不息。

所以須日課冊者，以時時省過，立即克去耳！今五日一記，則所謂省察者安在？所謂自新者安在？吾誰欺乎？眞甘爲小人而絕無羞惡之心者矣！

今年忽忽已過兩月，自新之志日以不振，愈昏愈頹；以至不如禽獸。昨夜痛自猛省，以爲自今日始，當斬然更新，不終小人之歸；不謂雲階招與對弈，仍不克力卻，日日如此，奈何！知己之過失，即自爲承認之地，改去毫無吝惜之心。此最難之事，豪傑之所以爲豪傑，聖賢之所以爲聖賢，便是此等處磊落過人，

能透過此一關，寸心便異常安樂，省得多少轇葛，省得多少遮掩裝飾醜態。（以上各條俱見日記）

凡此都見得他是常存省過之心，他每日寫日記時，就是自己與自己結賬之時，凡這一日的言行動作，都要在此時期做一個反省，見善則遷，見過則改，這是他立日記冊的用意，亦卽是他立志自新之大目標。他有了這個目標，故在積極方面則隨處立許多箴言，借以自警；在消極方面，則時時悔過，痛自猛省。在此種情形之下，假如沒有積極目標，則不但易於着空，甚或流於詐僞。他有他的修養目標，故能日益進步。我們所要效法他的，便是一方要具有正大目標，一方要具有這種勇於自責的精神。平常人若有人罵他欺世盜名，甘爲小人，以至不如禽獸，則必起而抗詈，認爲莫大之辱；然其行爲，乃眞有欺世盜名，甘爲小人，以至不如禽獸之事實，則又時自掩護，終至小人之歸，此雖不欲承小人之名，而實具小人之實。曾氏勇於自責，謂不爲聖賢，便爲禽獸；其自待如此之嚴，故其改過毫無吝惜之心，而卒能磊落過人，達到其所期之目標者，其得力皆在於此。

以上所舉三種——靜坐，平淡，改過，是他修養精神的三項細目。在此三項細目之中，平淡二字又是一個中堅。靜坐是爲此中堅目標而用的工夫，改過是爲此中堅目標而用的克省工夫，故此三者，名雖爲三，實則一而已矣。一者何？就是要求有平淡的心境，以應世事罷了。我們可以說上述三項——靜坐，平淡，改過，要算是他精神的本體，而施之於用，則他所謂強毅之氣。他嘗有兩個口訣：一個是「悔」字訣，一個是「硬」字訣。他述朱子之言曰：『悔字如春，萬物蘊蓄初發；吉字如夏，萬物盛茂已極；吝字如秋，萬物始落；凶字如冬，萬物枯凋。』又嘗以元字配春，亨字配夏，利字配秋，貞字配冬。謂貞即硬字訣也。他說：『際艱危之際，若能以硬字法冬藏之德，以悔字啓春生之機，庶幾可挽回一二乎？』我以爲這兩個口訣，實足以代表他的整個的修養工夫，與整個的立身爲人的精神。靜坐平淡改過，都是悔的工夫；強毅之氣，便是硬的氣象。此不但可以代表他的人生，且足以代表他的學問事業。他終其身謙謙自牧，便是悔的功效，以中等之資，而下學上達，以書生而削平大亂，是硬的功效。關於悔的工夫，除上述三項——靜坐平淡改過以外，他與其弟書內，曾切實發揮一段，茲錄如下：『兄自問近年得力惟有一「悔」字訣，兄昔年自負本領甚大，可屈可伸，可行可藏，又每見得人家不是；自從丁巳戊午大悔大悟之後，乃知自己全無本領，凡事都見得人家有幾分是處，故自戊午至今九載，與四十歲以前迥不相同，大約以能立能達爲體，以不怨不尤爲用。立者發奮自強，站得住也；達者辦事圓融，行得通也。吾九年以來，痛戒無恆之弊，看書寫字，從未間斷，選將用兵，亦常留心，此皆自強能立工夫；奏疏公牘，再三斟酌，無一過當之語，自誇之詞，此皆圓融能達工夫。至於怨天，本有所不敢，尤人則常不能免，亦皆隨時強制而克去之。弟若欲自儆惕，似可學阿兄丁戊二年之悔，然後痛下鍼砭，必有大進。』這一段是他四十八歲時候的話，其得力處，則全在一個「悔」字，蓋惟能大悔，然後可以大悟，能大悟然後能發奮自强。他嘗說「吾生平長進，全在受挫辱時。」就可知他善用挫辱機會，以圖悔悟，以圖自强，所以他的强毅之氣，確是高人一等。他說：

强毅之氣決不可無，然强毅與剛愎有別，古語云「自勝之謂强，曰强制，曰强恕，曰强爲善，皆自勝之義也。如不慣早起，而强之未明即起，不慣莊敬，而强之尸坐立齋，不慣勞苦，而强之與士卒同甘苦，强之勤勞不倦，是即强也。不慣有恆，而强之貞恆，即毅也。舍此而求以客氣勝人，是剛愎而已矣。二者相似而其流相去霄壤，不可不察，不可不謹。咸豐八年正月初四致沅浦弟

凡國之强，必須多得賢臣；凡家之强，必須多出賢子弟；至一身之强，則不外乎北宮黝、孟施舍、曾子三種。孟子之集義而慊，即曾子之自反而縮也。惟曾孟與孔子告仲由之强，留爲可久可常。此外鬭智鬭力之强，則有因强而大興，亦有因强而大敗。古來如李斯、曹操、董卓、楊素，其智力皆橫絕一世，而其禍敗亦迥異尋常。近世如陸、何、蕭、陳皆予智自雄，而俱不保其終，故吾輩在自修處求强則可，在勝人處求强則不可。若專在勝人處求强，其能强到底與否，尚未可知，即使終身强橫安穩，亦君子所不屑道也。同治五年九月十二日致沅浦弟書

然困心橫慮，正是磨練英雄，玉成於汝。李申夫嘗謂余慪氣從不說出，一味忍耐，徐圖自强，引諺曰：『好漢打脫牙，和血呑。』此二語是余生平咬牙立志之訣。余庚戌辛亥間爲京師權貴所唾駡，癸丑甲寅爲長沙所唾駡，乙卯丙辰爲江西所唾駡，以及岳州之敗，靖江之敗，湖口之敗，蓋打脫牙之時多矣，無一次不和血呑之。弟此次郭軍之敗，三縣之失，亦頗有打脫門牙之象，來信每怪運氣不好，便不似好漢聲口，惟有一字不說，咬定牙根，徐圖自强而已。（同治五年十二月十八日致沅浦弟）

這幾段很可以代表他的强毅精神，而他整個的人生價值也在這裏表現不少。他把强毅的界說，規定得很清楚，所謂强毅之氣，說高遠一點，就是孟子所謂至大至剛的浩然之氣，說淺近一點，就是浩然之氣的初步；所以他所謂强毅之氣，是建築在曾子之自反，孟子之集義，與孔子告仲由之强的意義上面。强毅之氣，是以此爲出發點，故完全求之在己，不在勝人處求自强，而在自修處求自强。換一句話說，就是不在勝人，而在自勝，能自勝者乃是眞强。孔子所謂克己，卽是自勝的意思；顏子不貳過，就是能自勝的榜樣。不能自勝而求勝人者，則謂之顢頇，則謂之剛愎，而內心必滿懷嫉妬與詐僞。照這樣做去，充其量也不過做到曹操、董卓，試問對己對人究竟有什麼好處？他更明白告訴我們自勝的方法與門徑，要從勉强入手。

我在第二章中曾說勉强是他的重要學風之一，此處他以强制强恕强爲善，做養成强毅之氣的門徑，正見得他學問工夫的一貫。平常人往往歡喜過苟且偷安的生活，所謂苟且偷安，就是不能自己勉强自己，如不慣早起便由着自己貪睡，不慣莊敬便由着自己散漫，不慣勞苦便由着自己安逸……凡稍須用力者，均不自勉强，我們就可以斷定這人必成廢物；所以要想有所成就，不但要勉强自勝，並且要困心橫慮，忍耐磨練。——這種工夫的深淺與學業成就的大小，是成正比例的。現在國內大窮小窮，莫不感受經濟恐慌。青年求學受經濟壓迫者，尤所在皆是，具有很好的資質，很大的求學決心，而爲環境所逼，不能邁進，這自然是人生莫大苦楚；但是在無可奈何之中，這種窮的環境，亦未嘗不可資以利用。我們看經濟較裕的青年，往往嗜好浮華，與之俱裕，並不因經濟較易，更努力於學業，據我的經驗，到是貧寒的青年，努力的精神愈好；而能有所成就者，亦太半出於貧寒。由此類推，凡挫辱困苦，都是磨練人才之最好工具，就看能不能勝過罷了。你能勝過挫辱困苦而不爲挫辱困苦所勝過，你便是好漢，你前途便多了一層造詣。如是一層一層積累多了，至最大挫辱困苦，常人所不能勝者，你也勝之裕如，你便成功一個大器。但是靠什麼力量，可以抵抗挫辱困苦而致勝呢？便是曾氏所謂强毅之氣。我們看他經過多少次的挫敗，而能一字不說，咬定牙根，徐圖自强，這是何等的强毅！何等的偉大！這種精神，我們應該時時取法於心，奉爲圭臬的！

綜合他精神的修養，可以歸納成兩點：一點是心境平淡，——人我之際看得平，功名之際看得淡，一點是强毅之氣。這兩點造成他廣闊的胸懷，偉大的氣魄，因此吸引了舉國上下各方面的人才。我們看他幕府的人員，無拘文士武將，凡稍具一技之長，可以效力國家者，都能得他的任用；而一般人員，也莫不傾心悅服，竭忠盡智的去幹，就可知他的知人之明，與容人之度了。我覺得曾國藩所以勝過洪楊者，其根本原因，在他這種精神！

第五章　身體的修養

我國號稱不講究體育，其實並不盡然。古者射御畋獵，與後世的拳術，都是鍛鍊身體的工具；不過科學不發達，未能按人體格年齡製成適宜之動作，以普徧於民間耳。又有一部分學者，始終把身體看做精神的產物，認爲精神是靈魂，身體是軀殼，精神是主，身體是客，精神是本，身體是末。把精神養得好了，身體自然而然的會强健起來，會享高年；精神養得不好，聲色貨利，功名富貴，得失愛憎之慾，日戕賊乎前，則身體縱極强壯，也受不了內心的如此摧殘。他們看透了這一點，所以注重淸心寡欲，居敬主靜，以養神養性，養生之主，意思都是要從根本着手。而自漢以來，道教大興，內丹外丹之說，呼吸吐納之功，尤爲養生家所樂道，於是凡言體育者，大都離不了精神的修練，可以說這種體育，是靜的運動，是內功。一般人都說這種工夫有却病延年之效，延年雖未必，却病到是事實。誠然，心身原有最密切的關係，善於憂鬱的人，雖終日運動，恐猶不免於憔悴；心地寬暢的人，雖不十分運動，倒也生氣勃然。這是精神影響於身體。然而掉轉過來，身體亦恆影響於精神，身體羸弱的人，自然多愁多病，體格壯健的人，自然精神飽滿；所以精神與體格，原是表裏一貫，不可或忽的。曾氏修養工夫，即注意此兩方面。前章所述爲屬於精神方面者，本章則屬於體格方面者。惟身體修養畢竟不能與精神修養分而爲二，所以他的養身要言，根源則完全屬於精神方面，末節方法，始屬於體格，而觀效則又屬於精神。茲錄其養身要言如左：

一陽初動處，萬物始生時，不藏怒焉，不宿怨焉。

右仁所以養肝也。

內而整齊思慮，外而敬愼威儀，泰而不驕，威而不猛。

右禮所以養心也。

飲食有節，起居有常，作事有恆，容止有定。

右信所以養脾也。

擴然而大公，物來而順應，裁之吾心而安，揆之天理而順。

右義所以養肺也。

心欲其定，氣欲其定，神欲其定，體欲其定。

右智所以養腎也。

此處重要意義，只在五條正文所言完全屬於精神方面；然且名曰養身要言，就可知他所認為養身之本，仍屬之精神，至於拿仁義禮智信去配肝肺心腎脾，則又是他受了舊說之累，而為此附會之辭。陰陽家主張以五行之理，支配萬事萬物，所以有五色五味五聲五方五常五藏……之相配屬，此處曾氏所定五項養身要言，在淮南子中，亦嘗如此分配，惟名目次序，往往不同，實則牽強傅會，並無道理。我們竟不必去注意他。然而曾氏所以不脫舊套，猶以此為兢兢者，蓋篤信肝肺心腎脾，與仁義禮智信為表裏一貫，要五藏健康，須得五常之德，為之滋養灌溉，仍是以精神為體格之主的意思。

平常人總是因為自己身體不大好了，然後才講求養生之法；曾氏亦正如此。他的身體很羸弱，失眠，吐血，目疾，癬疥，鬧個不休，這大概一半是先天不足，一半是過於勞苦，過於用功的結果。他自己說？

精神委頓之至，年未五十，而早衰如此，蓋以稟賦不厚，而又百憂摧撼，歷年鬱抑，不無悶損。

余自三十時，即不能多說話，至數十句，便氣不接續，神尤困倦，今已三十餘年，故態不改。

細思近日之所以衰頹，固由年老精力日衰之故，亦由圍棋太多，讀書太久，目光昏澀，精神因之愈困。

早起吐血數口，不能靜養，遂以斲喪父母之遺體，一至於此！再不保養，是將陷入大不孝矣。將盡之膏，豈可速之以風？萌蘗之木，豈可牧之以牛羊？苟失其養，無物不消；況我之血氣素虧者乎？（以上各條俱見日記）

以上幾段都是他身體衰弱的明證。因此他對養生之法，時時留意，時時研究，遺留下來的，雖至今日，有許多還是價值不磨。他曾說養生家之法，莫大於「懲忿，窒慾，少食，多動」八字。這八個字要算他全部養生之綱領。在這個綱領之中，前四字可稱爲靜的養生法，後四字可稱爲動的養生法。茲先說他靜的一部份。他說：

今惟有日日靜養，節嗜欲，窒思慮。

每日靜坐時許，以資調攝。

因咳嗽勉强靜坐數息，果有效驗，可停一二刻不咳。靜坐良久，間以偃臥，直至燈時，覺咳痰微減矣。

黃靜軒勸我靜坐凝神，以目光內視丹田，因舉四語要訣曰：「但凝空心，不凝住心；但滅動心，不滅照心。」又稱二語曰：「未死先學死，有生卽殺生。」有生，卽妄初生；殺生，謂立予鏟除也。又謂此與孟子勿忘勿助之功相通，吾謂與朱子致中和一節之法亦相通。

午正，數息靜坐，仿東坡養生頌之法，而心粗氣浮，不特不能攝心，並使身不少動而不能。（以上各條均見日記）

忿慾二字原來最足以摧殘身體。他嘗說：「胸多抑鬱，怨天尤人，不特不可以涉世，亦非所以養德；不特無以養德，亦非所以保身。」淮南子曰：『人大怒破陰，大喜墜陽，大憂內崩，大怖生狂』（精神訓）自今日言之，忿慾二字，最足以傷損神經，神經受傷，而成疾病，就不是藥石之力所能奏其效了。中國古代學者，很看重這一點，所以主張養生莫善於寡欲，誠以欲望無窮，一縱卽不可制止，而結果未有不損傷性命者。平常我們精神妄用於忿慾二字上面者，蓋不知凡幾矣。不必忿怒者，輙忿怒了；不必思慮者，輙思慮了；以至精神萎靡，神志昏憒，身體羸弱多病，皆由這個惟一的原因。要救濟這個病源，其根本辦法，則爲靜坐。前章已經說過靜坐在修養上占重要的地位，無論養心養體，都是舍靜坐更無下手處。蓋靜坐對於邪念忿慾等，要算是一個正本清源的救濟，所以凡言修養者，莫不重視靜坐，至少可使神經休息，心志得所頤養，把我們這營營擾擾憧憧往來的精神，可使得到暫時安慰，是乃最好的調攝方法。前引黃靜軒所說的那幾句話，就是說靜坐時不要生妄念，若生妄念，隨時就把他鏟除。但是靠什麼東西去知道妄念？就是他所謂「照心」。當我們靜坐的時候，總難免時起妄念，忽然自己感覺妄念在纏繞，這感覺便是照心。把妄念鏟除去了，胸中空無所有，宛然無思無慮的境界，便是所謂「空心。」但是人染世塵，心氣總不免粗浮，靜坐時往往身體搖動妄念橫生；（此中境界須親自習驗始能深知）所以初生的時候，總得有點憑藉，佛教的撞鐘，數佛珠，念阿彌陀佛，泰半是為的制止雜念，進一步才講到坐禪。曾氏的靜坐數息——數自己的鼻息，我以為也是靜坐初步的辦法。習之稍久，仍以「靜坐凝神，目光內視丹田」為佳，此中效驗確有却病養性之功，青年曷嘗試之？他曾說「養生之道，視、息、眠、食四字最為要緊。息必歸海，視必垂簾，食必淡節，眠必虛恬，歸海謂藏息於丹田氣也；垂簾謂半視不全開，不苦用也；虛謂心虛而無營，腹虛而不滯也。謹此四字，雖無醫藥丹訣，而足以却病矣。」這幾句可算他靜的養生法之結論。至於動的養生法，有一部份是承繼他的祖傳，也有一部份是他自己研究出來的。茲引其要言如左：

起早亦養生之法，且係保家之道，從來早起之人，無不壽高者；吾近有二事效法祖父，一曰早起，二曰勤洗足，似於身體大有裨益。（咸豐十年三月初四日致澄侯沅浦弟）

吾兄弟體氣皆不甚健，後輩子姪，尤多虛弱，須宜於平日講求養生之法，不可於臨時亂投藥劑。養生之法，約有五事：一曰眠食有恆，二曰懲忿，三曰節慾，四曰每夜臨睡時洗腳，五曰每日兩飯後，各行三千步。（日記）

吾見家中後輩，體皆虛弱，讀書不甚長進，曾以養生六事勗兒輩：一曰飯後千步。一曰將睡洗腳。一曰胸無惱怒。一曰靜坐有常時。一曰學射有常時，射足以習威儀，強筋力，子弟宜多習。一曰黎明吃白飯一碗，不沾點菜。——此聞諸老人累試，毫無流弊，今亦望家中諸姪試行之。（同治十年十月廿三日致澄侯沅浦弟書）

這幾段係散見於他的家書中，故頗有互相重複之處。歸納起來，除前面已述之靜坐懲忿窒欲等外，約有下列數事：(1)早起，(2)眠食有定時，(3)學射有定時，(4)每飯後行三千步，(5)臨睡洗足。這幾件事，即拿現在科學眼光去衡量，也不失為衛生要道。且此數事都不是消極養生法，習射與飯後散步，都是鍛練身體，強健筋骨的積極動作，早起可以去故納新，洗足可以舒暢血液，眠食有時，可以節制勞逸；惟所謂黎明吃白飯一碗，或係湘老如是云云，恐未必真能辦到，即曾氏子孫，似亦未遵行，他更有一個主張，就是有病勿投藥劑，這是他祖父星岡公的家法，不相信醫藥。原來中國有句成語，叫做「不藥得中醫」。意謂吃藥固有時會吃好，也有時會把病吃得更壞了。醫學未明，生命送在庸醫之手者，當然不一而足，所以他只主張平時講求養生之法，而極力反對醫藥，大概他家不用醫藥，至少有三四代，這是他的家風。

自今日視之，他所謂養生之法，都可算平淡無奇，然養生之道，在行之有恆，而不在言之高遠。這幾件事，他可算行之終身，未嘗或輟；且其最大妙用，在利用閑暇時間，飯後散步，臨睡洗足，都不費工夫，而能得到實益。我們容他所指示的數種，除習射一項，應改成拳術或他種柔軟操法外，都未嘗不可一一仿行。苟能持之以恆，再稍師其靜坐懲忿之意，則養生之道，思過半矣。

如此行去，有什麼功效呢？我們且慢說其高遠，但拿曾氏自己做個標準，就可見其大概了。他身體是如彼的羸弱，然而因為養生之故，在戎馬倥偬之間，勞苦數十年，治軍治民，治家自治，事無鉅細，他都運用心思，更於做事之外，做了許多學問，這已不是常人精力所能勝任；然而以他那種羸弱之軀，行數十年而不倦，就不能不令人驚歎他養生之道的功效了。卽以其暮年而論，好像就未見他的衰老之象。他雖然只活六十二歲，但是他竟是無疾端坐而終，這是何等快樂的事？我以為第一就是他清心寡慾的功效，其次就是他日常身體修養的功效。所以他嘗說：

> 身體雖弱，却不宜過於愛惜，精神愈用則愈出，陽氣愈提則愈盛，每日作事愈多，則夜間臨睡愈快活；若存一愛惜精神的意思，將前將却，奄奄無氣，決難成事。日記

> 古人患難憂虞之際，正是德業長進之時，其功在於胸懷坦夷，其效在於身體健康。聖賢之所以為聖賢，佛家之所以成佛，所爭皆在大難磨折之日，將此心放得實，養得靈，有活潑潑之胸襟，有坦蕩蕩之意境，則身體雖有外感，必不至於內傷。日記

書味深者，面自粹潤，保養完者，神自充足，此不可以僞爲，必火候既到，乃有此驗。日記

此處見到他鍛鍊身體完全是積極的精神，對自己全無姑息寬縱的態度。平常所謂身體虛弱的人，恐怕就有很大部份是由於自己愛惜太過，保養太過，遇事總是不顧多用自己心力，正是所謂將前將却，奄奄無氣，以爲這是保養了，而不知如此下去，愈保養乃愈虛弱，神氣必日沮喪。他所謂精神愈用則愈出，陽氣愈提則愈盛，每日作事愈多則夜間睡覺愈快活，這是他由經驗得來的成績，身體虛弱的人們，最宜取法。

大抵平常器量淺窄的人，稍遇折磨，便會戕賊身心，憂鬱怨尤，疾病乃乘虛而入，這是常人不健康的最大原因。如能胸懷坦夷，則患難憂虞之際，正德業長進之時，身體健康，尙是末事；稍有外感，又何足患？然此等境界，確非易致，聖賢仙佛，所爭都只在這活潑潑的胸襟，坦蕩蕩的意境，而這種胸襟與意境，又不是可以勉强作爲，必火候既到，乃有此驗。他說『書味深者，面自粹潤，保養完者，神自充足。』此可見學養既到，身體上自然而然的就有一種充滿粹潤的表現，不容做作，亦不容隱藏。說到這裏，我們可以見得身體的修養與精神的修養，原屬一貫，二者互爲表裏，未可有所軒輊於其間也。

第三編　治事

第六章　治事的精神

曾氏生平學問，泰半是從事業上磨練得來的；而事業之所以昭著，則又得力於其學問涵養；二者頗有相互爲用之妙。在他的意思，學問不經事業的磨練，終不能切於實際；事業不經學問的陶鎔，則不學無術，終不能建諸久遠。所以治事的精神，在他整個的學問中，占最大的地位。他生平事業，可分治家，治軍，從政數端，以下將分章詳述。本章先言其治事精神。他所以能在昏庸多忌的滿洲政府之下，以一書生而能削平大亂，位極人臣，使一班親貴，雖欲中傷而無可語者，就因爲他有這種治事的精神。他綜攬東南軍政大權，轉戰數千里，網羅各項人才，而各項人才無大小，莫不心誠悅服，欣然就範者，也是因爲他有這種治事的精神。這種治事的精神，雖然時過境遷，但是其價值仍多不朽。

他治事精神中最重要的，就是凡事立有確定規模，規模確定之後，便認定目標向前做去，方法雖變，而規模則始終不變。大概有了規模，不但可以督勵他人，使努力前進；並且可以督勵自己，使勿鬆懈。好逸惡勞，人之恆情，不有一個規模做限制，恐怕任何人都不容易始終不懈。現在各機關，各工廠，都規定做工時間，及其他種種條例，便是所謂規模。故大至一個國家，小至一個自己，這規模都是決不可少；不過所謂規模，是不是合乎事實，假如不合乎事實，自己一方面徒是執意孤行，在別人則正人遠去，邪曲阿從，如此不但不成爲規模，並且要因之僨事了。曾氏的規模如何呢？他說：

凡天下庶事百技，皆先立定規模，後求精熟；即人之所以爲聖人，亦係先立規模，後求精熟。即顏淵未達一間，亦只是欠熟耳！故曰：夫仁亦在乎熟之而已矣。（日記）

古之成大事者，規模遠大，與綜理密微，二者闕一不可。弟之綜理密微，精力較勝於我，……至規模宜大，弟亦講求及之；但講闊大者，最易混入散漫一路，遇事顢頇，毫無修理，雖大亦奚足貴？等差不紊，行之可久，斯則器局宏大，無有流弊者耳。（咸豐七年十月初四致沅浦弟）

我輩辦事，成敗聽之於天，毀譽聽之於人，惟在己之規模氣象，則我有可以自立者，亦曰不隨眾人之喜懼爲喜懼耳。（批牘）

寸心鬱鬱不自得，因思日內以金陵甯國危險之狀，憂灼過度，又以江西諸事掣肘，悶損不堪，皆由平日於養氣上欠工夫，故不能不動心。欲求養氣，不外「自反而縮，行慊於心」兩句。欲求行慊於心，不外清愼勤三字，因將此三字各綴數句爲之疏解。清字曰：無貪無競，省事清心，一介不苟，鬼伏神欽。愼字曰：戰戰兢兢，死而後已，行有不得，反求諸己。勤字曰：手眼俱到，心力交瘁，困知勉行，夜以繼日。此十二語者，吾嘗守之終身，遇大憂患大拂逆之時，庶幾免於尤悔耳。日記

這幾段中看得他主張凡百事務都應先立定規模，把規模確定了之後，就一心一意的在這規模上求精熟，無論一切阻礙困難成敗毀譽與夫衆人之喜懼，都聽其自然，不稍改變自己的規模。大概凡百事務的一種規模，就等於海船開駛的方向，辦事主體的人，就是舵工，其他辦事人員，應該在同一規模之下，共同努力，就等於船員與舵工同在一方向上把船向前開駛。在這種情形之下，雖然遇着風浪，遇着逆水，都不應該改變他原定的方向，這是辦事的先決問題。他說：「我有可以自立者，」就是指此。他是凡百事務，都有一定規模，治家、治軍、從政、修己、……都在這種精神上努力前進。然而他的規模究竟是如何呢？總說一句，就是自反而縮，求慊於心。條分之則可以說在他自己方面，是拿清慎勤三個字做自勵的規模，在辦事方面則立定遠大與密微兩個規模。遠大就是凡事從大處着想，密微是凡事從細處着手，如是然後才可以不散漫，不顢頇，不至毫無條理，而可以行之久遠。然而這幾句話，看起來似乎容易，行起來到有些爲難呢？因爲凡事莫不有其阻礙與困難，毀譽與成敗，假如意志不堅，心地不坦，器量不大，都不免要變成一紙空文，毫無實際；不然便要流弊百出，至於僨事。此中樞機，只在少數人的胸臆之間，而影響之鉅，有時

竟達乎四海之內；因此我們明白他拿「自反而縮求慊於心」一語，做一切規模的規模，是有至理存焉。他自己是如此了，是不是因此即可以化及部屬，化及全國呢？當然有時也靠不住。那麼怎樣去保全他這個規模，貫澈他這個精神呢？我覺得他有一個始終不變的常度，這個常度就是貫澈他一切規模的利器。這常度的內容，就我所觀察，可分為三項：(1)誠拙的態度，(2)宏大的器量，(3)嚴密的考查。這三件事組成他的常度，他終其身未嘗稍變，他的學風，他的辦事規模，他的人生，都建築在這個常度上。怎樣是誠拙的態度呢？他說：

凡辦一事，必有許多艱難波折，吾輩總以誠心求之，虛心處之。心誠則志專而氣足，千磨百折而不改其常度，終有順理成章之一日，心虛則不動客氣，不挾私見，終可為人共亮。日記

凡辦公事，須視為己事，將來為國為民，亦宜處處視為一家一身之圖，方能親切。日記

君子之道，莫大乎以忠誠為天下倡。世之亂也，上下縱於亡等之慾，姦偽相呑，變詐相角，自圖其安而予人以至危，畏難避害，曾不肯捐絲毫之力以拯天下。得忠誠者起而矯之，克己而愛人，去偽而崇拙，躬履諸艱而不責人以同患，浩然捐生，如遠游之還鄉而無所顧悸。由是衆人效其所為，亦皆以苟活為羞，以避事為恥。嗚呼！吾鄉數君子所以鼓舞羣倫，歷九州而戡大亂，非拙且誠者之效歟？亦豈始事時所

及料哉？（湘鄉昭忠祠記）

卽此數語，已可見得他誠拙的態度。大概規模確立之後，他便誠心求之，虛心處之，無論千磨百折，而不改其常度。他相信只要自己脚根立得穩，終有順理成章之一日，所以他雖歷經靖港之敗，湖口之敗，南昌之困，祁門之困，但是他的常度不稍變，志氣不稍屈，而終成一代中興事業。他自信心是如此的誠篤，希望心是此的遠大，所以視公事如己事，視國事如家事。平常人所以易挾私見，易動客氣，甚至稍稍得意，便趾高氣揚，稍稍失意，便心灰意冷，流於頹廢，我都以爲是器量太淺，缺少自信心，而時時希望取巧的緣故。我們看看曾氏這種誠拙的精神，應增長不少的自信心與勇氣。曾氏所以能如此者，固然是賴有誠篤的自信心與遠大的希望心，但是所以能如此者，却又因爲他有過人的器量，始能容納遠大的希望，始能有一夫不獲時予之辜的胸懷；不然，智慮不離乎鍾釜，慈愛不外乎妻子，則一旦妻子歡娛僮僕飽，便心意滿足，不顧其他。這種人要他有多大的抱負，則根本這抱負卽無所容載，這是器量的關係。所以孔子說「斗筲之人，何足算也！」便是說器量褊狹的人，沒有出息。所謂器量宏大，就是要能多所容納，一方面要容納自己最大的抱負，一方面還要容納他人的臧否得失。我們看他所爲昭忠祠記，與他平時的言論主張，處處都見得是要以忠誠爲天下倡，處處要以誠拙精神挽救天下頹風，簡直守先待後，舍我其誰之概。在他日記中有這樣一段：

古人辦事掣肘之處，拂逆之端，世世有之，人人不免，惡其拂逆，而必欲順從，設法以誅鋤異己者，權臣之行徑也。聽其拂逆，而動心忍性，委曲求全，且以無敵國外患而亡爲慮者，聖賢之用心也。吾正可借人之拂逆，以磨厲我之德性，其庶幾乎？

這種器量，是何等偉大！非以聖賢自期者，其孰能之！他既已如此動心忍性，委曲求全了，而猶日夜自責，惟恐失於狹隘而不能容物，所以在他日記中又有這樣一段：

五更醒，展轉不能成寐，蓋寸心爲金陵寧國之賊憂悸者，十分之八，而因僚屬不和順，恩怨憤懣者，亦十之二三。實則大亂之時，余所遇之僚屬，尙不十分傲慢無禮，而鄙懷忿恚若此，甚矣余之隘也！余天性褊急，痛自刻責懲治者有年，而有觸卽發，仍不可遏，殆將終身不改矣！愧悚何已！

這又是何等待人寬而責己嚴。拿這種精神去辦事，還有不成功之理嗎？常人辦事所以不能順理成章，是因爲未能眞正精誠團結，而所以不能精誠團結，莫非惡人之拂逆己意，必欲使天下之人皆順從我而後始快於心；於是凡不順從我者，皆設法以誅鋤之，其結果則使一世之人，皆鮮廉寡恥，阿附求容，正氣日益消亡，社會日趨下流，而自己亦終不免於權臣之行。故凡擔當天下大事者，必具有能容天下之量，則人之拂我逆我者，皆可借為磨厲德行之工具；然自曾氏以後，就未多見了。器量寬大，並不是鬆懈放任，隨部屬如何辦理，則一切事務都要廢弛了，尚何規模常度之可言？他的個性很嚴肅，又很精細，又不畏煩劇，事無大小，似乎都要經他的考察。他謂治事之法，以身到、心到、眼到、手到、口到為主。他說：

身到者，如作吏則親驗命盜案，親查鄉里，治軍則親巡營壘，親冒矢石是也。心到者，凡事苦心剖析，大條理，小條理，始條理，終條理，先要擘得開，後要括得攏是也。眼到者，着意看人，認眞看公牘是也。手到者，於人之長短，事之關鍵，隨筆寫記，以備遺忘是也。口到者，於使人之事，警衆之辭，既有公文，又不憚再三苦口丁寧是也。（見全書雜著二）

又曰：蒞事之始，其察之也不嫌過多，其發之也不宜過驟，務求平心靜氣，考校精詳，視委員之尤不職者，撤參一二員，將司役之尤無良者，痛懲一二輩。袁簡齋云「多其察，少其發。」僕更加一語云；「酷其罰。」三者並至，自然人知儆懼，可望振興。（日記）

此處最見到他治事精神的，就是所謂身到、心到、眼到、手到、口到，照這樣做去，不但自己所經歷的事，不會有絲毫的差錯，卽屬員亦無從鬆懈。這種精神可以說出乎他的天性，也可以說這是維持他辦事規模的主要因素。所以這種嚴肅的治事精神，他是無時不在。他常說：『多赦不可以治民，溺愛不可以治家，寬縱不可以治軍。』然而他雖是如此的嚴肅，却完全是以事爲主，只求事能辦得好，不是要以苛刻待人，所以察之雖不嫌過多，發之則不宜過驟，務使事體辦好，而人心咸服，非至萬不得已，不輕言罰；然苟一罰，則又不妨其酷，蓋欲儆一以懲百也。他所謂務求平心靜氣，考校精詳，這是完全以寬厚之心，行嚴肅之政，惟恐自己稍有意氣，稍有粗心，以致考察失實而誤正事。謹愼如此，誠拙如此，人又焉有不服，焉有不感發興起，戮力從公之理呢？此處我們見得他爲常人所不能及者有兩件事：一是不怕煩劇，一是不存意氣。不怕煩劇，故能遇事周密，不至稍有弛懈；不存意氣，故能一秉至公，而無所恩怨。常人既怕煩劇，故凡事皆多草草，及稍稍潰敗，又復輕動意氣，於是賞罰恩怨，皆不能出於大公，事業之敗，胥由於此。我們看曾氏辦事的精神，先立定了規模，次守之以常度，——誠拙的態度，寬宏的器量，嚴肅的考察，而又繼之以始終不懈的精神，故對事的本身上，是得到知人曉事履險如夷的功效，並且於治事之外，得到作育英才的佳果。何謂知人曉事呢？他說：

居高位以知人曉事二者爲職，知人誠不易學，曉事則可以閱歷黽勉得之。曉事則無論同己異己，均可徐徐開悟，以冀和衷；不曉事則挾私固謬，秉公亦謬，小人固謬，君子亦謬，鄉愿固謬，狂狷亦謬，重以不知人，則終古相背而馳，決非和協之故。故恆言皆以分別君子小人爲要，而鄙論則謂天下無一成不變之君子，亦無一成不變之小人。今日能知人曉事，則爲君子，明日不知人不曉事，則爲小人。寅刻公正光明，則爲君子，卯刻偏私晻曖，則爲小人，故羣毀羣譽之所在，下走常穆然深念，不能附和。書札

大抵蒞事以明字爲第一要義，明有二：曰高明，曰精明。同一境，而登山者獨見其遠，乘城者獨見其曠，此高明之說也。同一物，而臆度者不如權衡之審，目巧者不如尺度之精，此精明之說也。凡高明者欲降心抑志，以遽趨於平實，頗不易易，若能事事求精，輕重長短，一絲不差，則漸實矣，能實則漸平矣。批牘

此處見得知人曉事之重要。他說知人誠不易學，而曉事則可以黽勉得之。大概所謂曉事者，就是明曉事理之所以然，與事理之所當然，這件事雖然亦非易易，但是歷事既久，經驗漸增，即是曉事的途徑。至於知人，則非自己的學問涵養識見才能都有以超過對方的人，則不足以知之；所以這件事不是容易學來的。綜這兩件事可以歸納成一個「識」字。他曾說：『凡辦大事以識爲主，以才爲輔，』我以爲知人曉事就是識的註腳。辦事尤其是辦大事的人，假如沒有知人曉事之識，則人之短長，事之是非，都冥然不明於心，處理自是無一是處，縱一秉至公，然事理不明，鮮不失當，將終不免於謬誤。他所謂蒞事以明字爲第一要義，明也就是識。他的識見能遠大，能深察，便是所謂高明與精明。以高明精明的眼光，去知人曉事，自

然人無不知，事無不曉，而每事都可歸於平穩踏實的地位。這兩件事，——知人曉事，可算是曾氏生平的特長，而尤其是知人一項，他簡直是神乎其技。許多人被他一見之下，可以察識終身，見其儀表，可以察其內心，更是無從隱祕，不知者以為他是精於相術，實則是他學問涵養才識閱歷，有過人處，故一入眼簾，即能知其為何如人，他生平得力於此者至夥，茲錄薛福成一段如左：

曾國藩知人之鑑，超軼古今，或邂逅於風塵之中，一見以為偉器；或物色於形跡之表，確然許為異才。平日持議，常謂天下至大，事變至殷，決非一手一足之所能維持，故其振拔幽滯，宏獎人才，尤屬不遺餘力。嘗聞江忠源未達時，以公車入都謁見，款語移時，曾國藩目送之曰：『此人必立名天下，然當以節烈稱。』後乃專疏保薦，以應求賢之詔；胡林翼以臬司統兵隸曾國藩部下，即奏稱才勝己十倍，二人皆不次擢用，卓著忠勤。曾國藩經營軍事，卒賴其助，其在籍辦團之始，若塔齊布、羅澤南、李續賓、李續宜、王鑫、楊岳斌、彭玉麟，或聘自諸生，或拔自隴畝，或拔自營伍，均以至誠相與，俾獲各盡所長，內而幕僚，外而臺局，均極一時之選，其餘部下將士，或立功既久，而浸至大顯，或以血戰成名，臨敵死綏者，尤未易以悉數。最後遣劉松山一軍入關，曾國藩拔之列將之中，謂可獨當一面，卒能揚威秦隴，功勳卓然。

這一段是薛氏身歷其事，記述最為親切，寫他知人之明，可謂透澈無遺，吾人讀薛氏敍曾文正公幕府賓僚一文，更知他對各項人才，兼收並蓄，而處理得當，使人人得盡所長，莫不死心塌地，竭盡忠忱，固然是他偉大的人格感化力之深，然亦由其英明卓識，超乎常人，使才大者不得不心悅誠服，才小者不敢不死心塌地。曾氏更能量其才器而任以適當之事，此爲曾氏治事精神上最得力之點。我們驟然看去，總覺得他這知人之明，未免太神奇了，究竟他有什麼神通呢？他用什麼方法去看人呢？現在還是拿他自己的言論來證明，庶乎比較的切實。他說：

觀人之法，須有操守而無官氣，多條理而少大言爲主；……尤以習勞爲辦事之本，引用一班能耐勞苦之正人，日久自有大效。（咸豐十年七月初八日致沅季弟）

觀人之道，以樸實廉介爲質，有其質而傅以他長，斯爲可貴，無其質，而長處亦不足恃。甘受和，白受采，古人所謂無本不立，義或在此。（日記）

凡人才高下，視其志趣：卑者安流俗庸陋之規，而日趨汚下；高者慕往哲隆盛之軌，而日卽高明。賢否智愚，所由區矣。

大抵人才約有兩種：高明者好顧體面，恥居人後，獎之以忠，則勉而爲忠，許之以廉，則勉而爲廉，若是當使薪水稍優，誇許稍過，冀有一二人才出乎其間，不妨略示假借。卑瑣者本無遠志，但計錙銖，馭之

以嚴則生憚，防之以寬則日肆，若是者當俾得循循於規矩之中。日記

此處所云觀人之法，自然不能代表他觀人的全體；但是至少可以藉此而知其大概了。在他言論之中，我們可以知得他的觀人標準，只有兩事：一曰操守，二曰志趣。操守是一個人的骨子，所謂爲人之本，以樸實廉介爲主。志趣是一個人格局器量的表現，志趣不遠者，縱有操守，亦不過成爲硜硜自守之士。有了樸實廉介的操守，又有高遠的志趣，再能習苦耐勞，有條理而少大言，自然是上等的人才；其次則志趣高明，而稍欠切實，顧體面而恥居人後，此種人則全恃用之者如何調度，使之心滿意足，勉爲其大，亦往往能於此等人中獲得英才。若遺棄之，或委屈之，則將自傷鬱抑，終於不能自振。所以他主張對這等人，應該略示假借，使自奮發。最壞的是根本無所謂操守，於是乎投機取巧，無所不爲，而志趣亦決不會高遠，總是安於流俗庸陋之規，而日趨污下，但計錙銖而已。這等人只好請他做機械工作，使循循於規矩之中。故人才之操守爲最重要，操守是有顚撲不破的認識，有堅忍不拔的精神，有學養，有抱負，合則留，不合則去，不爲威逼，不爲利疚，亂世之士有此操守者，最爲難得；然眞正人才，又必取於此等人中，始能靠住。他用這種觀人之法，又濟之以他自己的學養經歷，所以才力大小賢否智愚，都逃不了他的觀察。凡有一長，均可得用，但是天下那裏有許多人才，爲他察識舉用？到人才不足的時候，又將如何呢？他也很顧慮到這一點，所以

他一面自負提擢人才之責，一面又自負作育人才之責。他當時所用的一班人才，何嘗全是已成之才？恐怕大多數還是由他作育成功的呢！薛福成曰：

曾國藩謂人才以培養而出，器識以磨練而成，故其取人，凡於兵事餉事吏事文事有一長者，無不優加獎借，量才錄用。將吏來謁，無不立時接見，殷勤訓誨，或有難辦之事，難言之隱，鮮不博訪周咨，代爲籌畫，別後馳書告誡，有師弟督課之風，有父兄期望之意，非常之士，與自好之徒，皆樂爲之用，雖桀傲貪詐若李世賢、陳國瑞之流，苟有一節可用，必給以函牘，殷勤諷勉，獎其長而指其過，勸令痛改前非，不肯遽爾棄絕，此又其憐才之盛意，與造就之微權，相因而出者也。見庸盦文集

他作育人才的殷勤誠懇，至於如此，他認定人才是可以由在上者造就成功，而人才又至爲難得，故不敢求備於一人，而凡有一節可用者，即不肯遽爾棄絕。他嘗說：『十室之邑，有好義之士，其智足以移十人者，必能拔十人中之尤者而材之，其智足以移百人者，必能拔百人之尤者而材之。然則轉移習俗，而陶鑄一世之人，非特處高明之地者然也，凡一命以上，皆與有責焉者也。』原才 由此可見他自負之大，望才之殷，而不敢絲毫忽略了。他又說：

天下無現成之人才，亦無生知之卓識，大抵由勉强磨練而出耳。日記

人才非困厄則不能激，非危心深慮則不能達，無盤根錯節則利器莫由顯著。（日記）

求人之道，須如白圭之治生，如鷹隼之擊物，不得不休。又如蚨之有母，雉之有媒，以類相求，以氣相引，庶幾得一而可及其餘。（日記）

古聖人之道，莫大乎與人爲善，以言誨人，是以善教人也，以德薰人，是以善養人也，與人爲善之事也。然徒與人則我之善有限，故又貴取諸人以爲善，人有善則以益我，我有善則與以益人，連環相生，故善端無窮，彼此挹注，故善源不竭。君相之道，莫大乎此；師儒之道，亦莫大乎此。仲尼之學無常師，即取人爲善也；無行不與，即與人爲善也。爲之不厭，即取人爲善也；誨人不倦，即與人爲善也。念忝竊高位，劇寇方張，大難莫平，惟有就吾之所見，多教數人，因取人之所長，還攻吾短，或者鼓盪斯世之善機，因以挽回天地之生機乎？（日記）

這幾段話，與薛福成的言論，正相印證。他作育人才之作用，在與人爲善，取諸人以爲善，此二事是循環相生，人我受益，而其機樞則在君相師儒。質言之，即是靠在上者的提攜造就，則不患天下沒有人才了。他嘗說：『今之在勢者，輒曰天下無才，彼自尸於高明之地，不克以己之所嚮，轉移習俗，而陶鑄一世之人，而翻謝曰無才，謂之不誣，可乎否也？』（原才）他覺得所謂無才，是我們自己沒有去造，沒有去求，若能以類相求，以氣相引，則天下人才，自然聯袂而至，善源不絕，這便要看在勢者作育的精神如何了。平常所謂在勢者，總是會說一句現成話「天下無才。」實則自己不去作育人才，甚至戕賊天下之才，使一世之人，皆阿附求容，毫無操守，一旦僨事，則咎天下無才，眞是「謂之不誣可乎否也！」不知天下無現成之人才，亦無生知之卓識，大抵是由培養激厲而成，必須在勢者求才之心，有「不得不休」之誠，然後人才始樂爲之用。所謂鼓盪斯世之機關挽回天地之生機，其消息固往往操於一二人之心機。而其主要條件，則在具有大公無我之精神，稍有私心者，卽不能勝；私利固不可，私善亦不可。必眞能與人爲善，取諸人以爲善，只在求善，不分人我，如是然後可以作育人才，亦始可以收用人才。苟有所私，則必欲使天下美名美事，盡出於己而後快。事實不能如此，則將害人之善，妬人之才，務使天下之才，盡出己下，於是人才愈絀，世風愈下，所謂在勢者，亦無以自全。當清之中葉，洪楊未起之時，國內情勢，正是如此。滿人竊居高位，妬害漢族人才，無所不用其極，其意欲使整個漢族才能，盡在滿人之下；是以千方百計，防閑妬害，至道光年間，天下人才，眞個快銷亡了，而清朝整個江山，亦無以自保。及洪楊變起，全體滿人，皆無辦法，始有肅順、文慶等力主重用漢人，因得扶此危局，然滿廷宵小，猶自大大不平，故曾國藩初出山時，天下幾乎奄無生氣，由他作育提攜，始獲人才輩出，共挽危局之效。我們看他在道光三十年應詔陳言疏內所描寫當時社會情況，最爲透澈。

人才循循規矩準繩之中，無有敢才智自雄，鋒芒自逞者。然有守者多，而有猷有爲者漸覺其少，大率以畏葸爲愼，以柔靡爲恭。京官之辦事通病有二：曰退縮，曰瑣屑；外官之辦事通病有二：曰敷衍，曰顢頇。退縮者同官互推，不肯任怨，動輒請旨，不肯任咎是也。瑣屑者利析錙銖，不顧大體，察及秋毫，不見輿薪是也。敷衍者裝頭蓋面，但計目前，剜肉補瘡，不計明日是也。顢頇者外面完全，而中已潰爛，章奏粉飾，而語無實際是也。有此四者，習俗相沿，但求苟安無過，不求振作有爲，將來一有艱鉅，國家必有乏才之患。

這一段描寫當時政象，最爲透澈，稍有才智鋒芒者，都已摧殘殆盡，所能容者，盡是以畏葸爲愼，以柔靡爲恭之徒。質言之，就是一班奴才而已。所以他與彭麗生書，就痛恨道：『無兵不足深憂，無餉不足痛哭；獨舉目斯世，求一攘利不先，赴義恐後，忠憤耿耿者，不可亟得，或僅得之，而又屈居卑下，往往抑鬱不伸，以挫，以去，以死，而貪饕退縮者，果驤首而上騰，而富貴，而名譽，而老健不死，此其可爲浩嘆者也。』當然了，舉國都是奴才，都是一人一姓的奴才，那裏會產生出攘利不先赴義恐後之人呢？即有，亦絕無所容呀！在提倡奴才的時代，凡有才智鋒芒者，至少都應該銷聲斂跡，不，簡直是無生存之理吧？只有貪饕退縮者，可以驤首上騰，富貴名譽，老健不死。曾氏能見到當時社會病根在此一點，他便盡量在這一點上着力——提倡眞正人才。我覺得這是曾氏有過人之識，所以能有他那種治事的精神，因而產生出當時的一輩人才，以輔助他事業的成功。

第七章　治家

前章所述曾氏治事的精神，爲其可以代表他的整個人生，故言之不厭其詳。他的治事精神，除開律己之外，第一步便要數到他的治家。他們兄弟五人：曾氏居長，次國潢字澄侯，次國華字溫甫，次國荃字沅甫，季國葆字季洪，他這四個弟弟之中，國潢是留在家中專理家務的，國華、國荃、國葆都由曾氏教導成人，至於顯達。後來國華是死廬州三河之難的，國葆佐國荃解安慶之圍，將迫金陵，積勞病死。國荃攻克金陵，收戡定之大功。他們辦事精神都與乃兄相仿佛。家務雖由澄侯料理，但是我們看他的家書，關於治家之道，教子之方，處處都感覺可爲世法。我們更感覺他在戎馬倥偬之間，萬難集於一身，而對家中瑣屑，猶能如此周密仔細，一方面見得他精力過人，治事的精神無乎不在，一方面也見得他對先世家風，謹守勿失，惟恐以自己地位增高，家中子弟有所仗倚，而流於驕侈，致失家風，遺誤子弟。所以他對治家一事，自己雖不能在家，却無時無刻不在心頭，雖在極忙之時，家信總未嘗或缺，且寫來總是詳詳細細，無微不至。

曾氏先世有很嚴肅的家風，多半是他祖父星岡公所鑄成；星岡公雖未顯達，但是治家敎子，皆有成規，國藩少時，頗受薰陶，終其身未忘祖父之遺敎，而其治事規模，亦大抵與其祖父類似；故嘗斤斤於其祖父已成之家風，而惟恐或失。他嘗說：『余於起居飲食，按時按刻各有常度，一一皆法吾祖吾父之所爲，庶幾不墜家風。』然所謂家風，究竟如何呢？據曾文正公大事紀前面所載星岡公的一段言論，最可見得一般。星岡公之言曰：

吾少耽遊惰，往還鄉潭市肆，與裘馬少年相逐，或日高酣寢，長老有譏以浮薄將覆其家者，余聞而立起自責，貨馬徒行，自是終身未明而起。余年三十五，始講求農事，居枕高嵋山下，壠峻如梯，田小如瓦，吾鑿石決壤，開十數畛，而通爲一，然後耕夫易於從事。吾所胥引水，聽蟲鳥鳴聲，以知節候，觀露上禾顛，以爲樂。種蔬半畦，晨而耘吾任之，夕而糞庸保任之。入而飲豕，出而養魚，彼此雜職之。凡菜茹手植而手擷者，其味彌甘，凡物親歷艱苦而得者，食之彌安也。吾宗自元明居衡陽之廟山，久無祠宇，吾謀之宗族諸老，建立祠堂，歲以十月致祭，自國初遷居湘鄉，至吾曾祖元吉公基業始宏，吾又謀之宗族，別立祀典，歲以三月致祭。世人祀神徼福，求諸幽遐，吾以爲神之陟降，莫親於祖考，故獨隆於生我一本之祀，而他祀姑闕焉。後世雖貧，禮不可隳，子孫雖愚，家祭不可簡也。吾早歲失學，壯而引爲深恥，既令子姪出就名師，又好賓接文士，候望音塵，常願通材宿儒，接跡吾門，此心乃快。其次老成端士，敬禮不怠，其下汎應羣倫。至於巫醫，僧徒，堪輿，星命之流，吾屛斥之，惟恐不遠。舊姻窮乏，遇之惟恐不隆，識者觀一門賓客之雅正疏數，而卜家之興敗，理無爽者。鄉黨戚好，吉則賀，喪則弔，有疾則問，人道之常也，吾必踐焉，必躬焉，財不足以及物，吾以力助焉。鄉里訟爭，吾常居間以解兩家之紛，其尤無狀者，厲辭詰責，勢若霆摧，而理如的，破悍夫往往神沮。或具尊酒通殷勤，一笑散去。君子居下，則排一方之難；在上，則息萬物之囂，其道一耳！津梁道途，廢壞不治者，孤嫠衰疾無告者，量吾力之所能，隨時圖之，不無小補；若必待富而後謀，則天下終無可成之事矣。

這一段言論，是曾氏家風的創輙，國藩本人的條理規模，及其治家教子，都一本之於此。他與紀澤的信中嘗說道：「昔吾祖星岡公最講治家之法，第一要起早，第二要打掃潔淨，第三誠修祭祀，第四善待親族鄰里，凡親族鄰里來家，無不恭敬款接，有急必周濟之，有訟必排解之，有喜必慶賀之，有疾必問，有喪必弔。此四事之外，於讀書種菜等事，尤爲刻刻留心，故寫家信，常常提及書、蔬、魚、豬四端者，蓋祖父相傳之家法也。」同時又把星岡公治家之法，歸納成「八字」「三不信。」八字者：早、掃、考、寶、書、蔬、魚、豬。他自己解釋道：早者起早也，掃者掃屋也，考者祖先祭祀，敬奉顯考王考曾祖考而妣可該也。寶者親族鄰里時時周旋，賀喜弔喪問疾濟急，星岡公曰：『人待人無價之寶也。』書、蔬、魚、豬，即讀書、種菜、蓄魚、養豬也。三不信：就是不信地仙，不信醫藥，不信僧巫，此可以完全包括星岡公之家法了。原來中國家庭制度，過於龐雜，治家一事，自古為難，一家之中，老幼賢愚不等，問題乃自此而生。若再拘泥於什麼「五世同堂」「九世同居」一些老調，這家庭的醜劇與慘劇，便要層出不窮了。故往往有才力很好，事業很好，而家庭無辦法者，實屢見而不一見。曾氏所賴以維持者，大部份就在這固有的家風；因為既成了一種風氣，而又由主人躬自力行，則一家之中，將認為天經地義，雖有不肖，不敢侵犯。至於五世同堂，九世同居等話，他雖未公然反對，但是事實上他們兄弟後來都是析居的；因為這樣才能洽乎人情，而保全恩愛，我們看他的家書，見他們兄弟感情的純篤，處處足使今之有兄弟者，贊歎愧服。然其所以致此者，自然是他們兄弟之中——尤其是居長兄地位的國藩，能躬自勤儉，互相肫摯，然亦因為先世已有醇厚家風，只須恪遵勿失，即可光其餘緒，然而沒有國藩這樣光前裕後的承嗣精神，為諸弟先，為一家表，則星岡公之遺範，亦未可知也。茲述曾氏承嗣的規模。

大凡做官的人，往往厚於妻子，而薄於兄弟，私肥於一家而刻薄於親戚族黨。予自卅歲以來，即以做官發財為可恥，以宦囊積金遺子孫為可羞可恨；故私心立誓，總不靠做官發財以遺後人，神明鑒臨，予不食言此時事奉高堂，每年僅寄些須以爲甘旨之佐，族戚中之窮者，亦卽每年各分少許，以盡吾區區之意。蓋卽多寄家中，而堂上所食所衣，亦不能因而加豐；與其獨肥一家，使戚族因怨我而並恨堂上，何如分潤戚族，使戚族戴我堂上之德，而更加一番欽敬乎？將來若作外官，祿入較豐，自誓除廉俸之外，不取一錢。廉俸若日多，則周濟親戚族黨者日廣，斷不畜積銀錢爲兒子衣食之需。……至於兄弟之際，吾亦惟愛之以德，不欲愛之以姑息，姑息之愛，使兄弟惰肢體，長驕氣，將來喪德虧行，是卽我率兄弟以不孝也，我不敢也。我仕宦十餘年，現在京所有，惟書籍衣服二者。衣服則當差者必不可少，書籍則我生平嗜好在此，是以二物略多。將來我罷官歸家，我夫婦所有之衣服，則與五兄弟拈鬮均分，我所辦之書籍則存貯利見齋中，兄弟及後輩皆不得私取一本，除此二者，予斷不別存一物，以爲宦囊，一絲一粟，不以自私，此又我之素志也。（道光二十九年致四位弟）

這一段是他治家的大規模，對父母，對兄弟，對子女，對戚黨，都無微不至；尤其是兄弟之間，愛之以德，而不愛之以姑息；對兒子則惟敎之以自立之道，而不蓄積銀錢爲其衣食之需。他曾說：『兒子若賢，則不靠宦囊，亦能自覓衣食，兒子若不肖，則多積一錢，渠將多造一孽，後來淫佚作惡，必且大玷家聲。』因此他治家精神，最主嚴肅。他說：『治家貴嚴，嚴父常多孝子，不嚴則子弟之習氣日就佚惰，而流弊不可勝言矣。』

他因為立誓不靠做官發財，以遺後人，所以他為官十餘年，衣服書籍之外，一無他物，即此區區，猶擬罷官之後，與兄弟均分。有這種坦白胸懷，自然是無所處而不當。尤其是曾氏先代，並未顯赫，他一朝尊貴，最易改易門楣，墮先人餘緒，而流於驕泰，則子孫淫惰，家道乃自此衰。試看今之為官者，幾何不是如此？所以在他的治家規模之下，有二大端：一是積極的訓導，一是消極的防止。

關於消極方面者：歸納起來，蓋不出於戒驕，戒奢。大概仕宦子弟，能免此者，確不甚易。孟子曰：「居移氣，養移體。」左右前後，趨承奉候者，既無微不至，則其勢必至於驕奢，不知稼穡艱難故仕宦子弟，猶能勤儉謙和，忘其權勢者，眞是絕無而僅有了。然而亦因此之故，仕宦子弟，賢能向上，也很難得；更因此之故，仕宦之家，能維持三代四代，不墮家聲者，亦不多見。而其原因，則莫不由於在勢之時，子弟驕奢淫佚之所致。所以他對這兩件事，眞是戰戰兢兢，不敢或忽。他嘗謂：『所貴乎世家者，不在多置良田美宅，亦不在多蓄書籍字畫，在乎子孫能自樹立，多讀書，無驕矜習氣。』因此他日記與家書中，記載戒驕奢之處，不一而足，茲錄數段如左。

達官之子弟，聽慣高議論，見慣大排場，往往輕慢師長，譏彈人短，所謂驕也。由驕而奢，而淫，而佚，以至於無惡不作，皆從驕字生出之弊。而子弟之驕，又多由於父兄為達官者，得運乘時，幸致顯宦，遂自忘

其本領之低，學識之陋，自驕自滿，以致子弟效其驕而不覺。（日記）

世家子弟最易犯一奢字傲字，不必錦衣玉食而後謂之奢也；但使皮袍呢掛，俯拾卽是，輿馬僕從，習慣爲常，此卽日趨於奢矣。見鄉人則嗤其樸陋，見雇工則頤指氣使，此卽日習於傲矣。（咸豐六年十一月初五日致紀澤）

子姪半耕半讀，以守先人之舊，愼無存半點官氣，不許坐轎，不許喚人取水添茶等事，其拾柴收糞等事，須一一爲之，插田蒔禾等事，亦時時學之，庶漸漸務本，而不習淫佚矣。（咸豐四年四月十四日致諸弟）

在這幾段中，他把驕奢淫佚之害，完全歸在一個「驕」字病根上；因爲驕便會奢，便會淫，便會佚，便會無惡不作，而其總因則又因父兄爲達官時，自忘其本領之低，學識之陋，自驕自滿，以致子弟效其驕而不覺。在他意思，子弟不能拾柴收糞，插田蒔禾，便叫做驕；衣食俯拾卽得，卽叫做奢。所以他教子姪，須半耕半讀，不准有半點官氣，不准有輿馬僕從，凡家中一切事務，均須子姪一一爲之，以力戒驕奢怠惰之習。

他除嚴肅教子姪，恪守家風之外，更注意到子姪的婚娶。在舊式家庭中，往往因爲娶得一個不賢之婦，而敗壞家風者；所以他對子女嫁娶，立一個原則，叫做「嫁女必富於我，娶婦必貧於我。」其用意就是要杜絕驕奢。女子嫁到富於我之家，則自己無從驕奢，娶一個貧於我之女子來家爲婦，則亦無從驕奢，而可安其家風。他說：「兒女聯姻，但求勤儉孝友之家，不願與官家結契聯婚，不使子弟長奢惰之習。」當時常南陔想把女兒嫁給他兒子做媳婦，他便始終不願。他說：「常家欲與我結婚，我所以不願者，因聞常世兄最好恃父勢作威福，衣服鮮明，僕從烜赫，恐其女子有官家驕奢習氣，亂我家規，誘我子弟好佚耳。」因此他婚嫁子女，不許用多金。咸豐九年在江西軍營時，有一段日記云：『巳刻派潘文質帶長夫二人送家信並銀二百兩，以一百為紀澤婚事之用，以一百為五十姪女嫁事之用。』又崇德老人年譜云：『文正公手諭嫁女匳貲不得過二百金，歐陽太夫人遣嫁四姊時，猶恪秉成法，忠襄公聞而異之曰：烏有是事？發箱匳而驗之，果信，再三嗟歎，以為實難敷用，因更贈四百金。』以一個總督婚嫁子女，簡單至於如此，誠不免令人驚異，然而我覺得他是另有深意存焉。大概官家子弟之驕奢，是乃自然趨勢，所謂聽慣高議論，見慣大排場，凡所遇之環境，莫不足以長其驕奢氣焰，自非其子弟有過人之質，或其父兄有特達之見，鮮有不為環境所囿者。相傳某世家子弟，不知民間疾苦為何事。有人告訴他：『某家沒有飯吃。』他說：『為什麼不叫廚房開呢？』其人又告訴他：『因為沒有錢呀！』他說：『為什麼不到賬房去拿呢？』他自己的環境是廚房開飯，賬房拿錢，於是以為天下都可如此，尚安望其勤儉守家，憐恤戚黨鄰里之困苦呢？所以戒驕戒奢，簡直是他治家教子的開宗明義第一章。必定要這種習氣掃除淨盡，然後才談到積極的誘導。

關於積極方面的訓導可歸納成功三點：其一是和睦，其二是勤儉，其三是要使家道悠久。茲分別言之如下：所謂和睦，就是要使一家之中兄弟妯娌雍雍穆穆，然後子孫有法，家道乃昌。他說：『和字能守得幾分，未有不興，不和未有不敗者。』所以他給澄侯的信中有這樣一段：

> 五種遺規四弟須日日看之，句句學之，我所望於四弟者，惟此而已。家中蒙祖父厚德餘蔭，我們得忝卿貳，若使兄弟妯娌不和睦，後輩子女無法則，驕奢淫佚，立見消敗，雖貴爲宰相，何足取哉？我家祖父父親叔父三位大人，規矩極嚴，榜樣極好，我輩踵而行之，極易爲力。別家無好榜樣者、亦須自立門戶，自立規條，況我家祖父現樣，豈可不遵行之而忍令墮落之乎？現在我不在家，一切望四弟作主。兄弟不和，四弟之罪也；妯娌不和，四弟之罪也；後輩驕恣不法，四弟之罪也。……我家將來氣運之興衰，全恃乎四弟一人之身。（道光二十七年十月十八日致諸弟）

此處因爲他們排行的關係，呼澄侯爲四弟，澄侯始終未出來做事，料理家務的時期最長，故負家庭的責任亦最大，此處責望之重，即是期望之殷。他的大目的，自然是要造成一家之中雍容和藹，而更大的願望，還在使後輩子女有法則。誠然子女完全依照父母的榜樣，形成他自己的性行，父親在兄弟行中，是不和的，其子女亦往往互相怨懟；母親在妯娌行中，是不和的，其女兒嫁到人家，還會鬧出妯娌不和的戲劇。這雖然不是絕對的因果律，但是至少可以說是有極大的影響。為什麼呢？就是因為朝夕薰陶，取法太易呀。調轉過來，假如父母在兄弟妯娌中，是絕對的謙讓為懷，子女自然亦薰陶成性，而無乖戾之氣；而況他家已有先代遺風，規模極好，只須遵而行之，家風卽可不敗，所以他激勵澄侯者，無所不至，就是惟恐兄弟妯娌之間，或因細故而傷情感，則一切治家之道，都無所施了。

其次他所訓導於家庭的，就是勤儉。「勤」一字原是他整個治學方法中的骨幹。除了這個字，他的一切治學方法都成空文；除了這個字，他的畢生事業，亦無由表現。因此他對子姪的訓導，尤注意於此點。據崇德老人年譜云：『同治二年，歐陽太夫人率兒女媳孫自家到安慶督署，……僅攜村嫗一人，月給工資八百文，適袁姊有小婢一人，適羅姊則並婢無之，房中粗事亦取辦於母氏房中村嫗，乃於安慶以十餘緡買一婢，為文正公所知，大加申斥，遂以轉贈仲嫂母家郭氏，文正馭家嚴肅守儉若此。嫂氏及諸姊等梳粧，不敢假手於婢媼也。』故在他的家書中，對於勤儉，總是反覆叮嚀。

嗣後諸男在家勤灑掃，出門莫坐轎，諸女學洗衣，學煮菜燒茶，……至於家中用度，斷不可不分，凡吃藥染布及在省在縣託買貨物，若不分明，則彼此以多為貴，以奢為尚，漫無節制，此敗家之氣象也。務要分別用度，力求節省。咸豐八年十一月十二日致諸弟甲三、甲五等兄弟，總以習勞苦爲第一要義，生當亂世，居家之道，不可有餘，財多則爲患害，又不可過於安逸偷惰。……仕宦之家，不蓄積銀錢，使子弟自覺一無可恃，一日不勤則將有飢寒之患，則子弟漸漸勤勞，知謀所以自立矣。（咸豐五年八月二十七致諸弟）

新婦初來，宜敎之入廚作羹，勤於紡績，不宜因其爲富貴子女，不事操作。大二三諸女，已能做大鞋否？三姑一嫂每年做鞋一雙寄余，各表孝敬之忱，各爭鍼黹之工，所織之布，做成衣襪寄余，余亦得察閨門以內之勤惰。（咸豐六年十月初二日致紀澤）

這幾段見得他對家庭子姪的習勤習儉，可算無時或忘，以他這樣地位，家中女子，還要洗衣煮飯紡績鍼黹，男子除讀書之外，還要耕種打雜，他說：『子姪除讀書之外，敎之掃屋抹桌凳，收糞鋤草，是極好之事，切不可以爲有損架子，而不爲也。』又崇德老人年譜云：『同治七年，由湘東下，至江寧，入居新督署，文正公爲余輩定功課單，（課單從略）云：吾家男子於看讀寫作四字缺一不可，婦女於衣食粗細四字缺一不可，吾已敎訓數年，總未做出一定規矩。自從每日立定功課，吾親自驗功，食事則每日驗一次，衣事則三日驗一次，紡者驗線子，績者驗鵝蛋，細工則五日驗一次，粗工則每月驗一次，每月須做成男鞋一雙，女鞋不驗。又附註云：家勤則興，人勤則健，能勤能健，永不貧賤。』他家庭之風勤儉如此，以視今之官太太少爺小姐，我們便要爲他子女叫寃了。但是觀他所謂『生當亂世，居家之道，不可有餘，財多則終爲患害，』則又不禁歎服其爲子女之計深遠，而不忍見其安逸偷惰以致無以自立。孔子云『愛之能勿勞乎？忠焉能勿誨乎？』曾氏蓋深得孔子之義，是以家庭之間，壹以嚴肅勤儉爲主，皆有深意存焉。

還有一件，可算是他訓導子弟最後目標，也可以說是他治家的當然結果，原可以不須他斤斤注意，然而他却不敢或忽；這個目標是什麼呢？就是要求家道的悠久，就是要希望他的家庭氣運，不要由他一世而斬。如何才能達到這個願望呢？則須在勢之時，善自惜福，而又有賢子孫者，庶乎這個願望，不難達到。他說：

吾細思凡天下官宦之家，多只一代享用便盡，其子孫始而驕佚，繼而流蕩，終而溝壑，而慶延一二代者鮮矣。商賈之家，勤儉者能延三四代；耕讀之家，謹樸者能延五六代。孝友之家，則可延綿十代八代。我今賴祖宗之積累，少年早達，深恐其以一身享用殆盡，故敎諸弟及兒輩但願其爲耕讀孝友之家，不願其爲仕宦之家。（道光二十九年四月十六日致諸弟）

居家四敗：——婦女奢淫者敗，子弟驕怠者敗，兄弟不和者敗，侮師慢客者敗。仕宦之家，不犯此者，庶有悠久氣象。（日記）

平日最好以昔人「花未全開月未圓」七字爲惜福之道，保泰之法。……星岡公昔年待人，無論貴賤老少，純是一團和氣，獨對子孫諸姪，則嚴肅異常，遇佳時令節，尤爲凜凜不可犯；蓋亦具一種收嗇之氣，不使家中歡樂過度，流於放肆也。余於弟營保舉銀錢軍械等事，每每稍示節制，亦猶本「花未全開月未圓」之義。（同治二年正月十八日致沅浦）

悠久氣象，是他治家的最大願望，而時時存現於心目中者，則爲「花未全開月未圓」的現象。有了這個現象在心目中，更有一個求悠久的最後目標，自然不敢想偷安佚樂富貴驕人，並且還要戰戰兢兢，以此爲戒了。他有這樣深遠的眼光，去維持他那世代相傳的嚴肅家風，故其子孫亦能如其所期，代有聞人，此不得不令人感念曾氏治家教子的精神了。

第八章　治軍

歷史上有一個久懸不決的問題，就是英雄造時勢呢？還是時勢造英雄？我是篤信時勢造英雄的；理由是另一問題，此處所要述的曾國藩治軍，就是一個例證。他是一個純粹的書生，那懂得什麼軍事？他既沒有學習過武備，更談不到什麼軍事學識；然而他卻能領兵數十萬，轉戰數千里，削平縱橫十六省，綿延十五年的洪楊大難，卒成一代中興事業，把滿朝的命運，延長了五六十年之久，固然他本人有許多長處，但是不遭時勢的造就，至少可以決定他不會治軍的。經了時勢的磨練，他便能建此不世之功，這便完全是時勢之賜，便是時代造成的人物。非但曾公，古今賢豪莫不如此。曾氏本人並不長於打仗，所以凡屬他自己臨陣的時候，多半是吃敗仗；但是他所提擢的將官，却都能攻城野戰，疊立大功，並且死心塌地受他指揮。抄句舊話來說：也可以說他是「不善將兵而善將將。」所以我們終久不能不佩服他治軍的本領。然而自另一方面說來，他又實在是毫無本領，當他以侍郎資格在籍辦團練的時候，不但舉國上下，未料到他有那樣的收穫，即他自己亦決未想到他能戡此大難，恐怕更有很多人士，如滿廷大臣，和當時一種腐化的官僚將士，都要對他們這一起書生表示白眼，或竟冷眼旁觀，等着看他們笑話呢！我們在他批牘上曾看見這兩段話：

貴襄辦志趣堅卓，應趁勞乏艱難之時，咬定牙根，向前做去，熬過幾次，衆人自不敢輕量書生不耐艱苦矣。（批劉秉璋函）

古來名將帥，亦多出於文弱書生，功之成與否，雖不敢預必，要之清潔自矢，則衆不敢侮，嚴明馭下，則兵不敢玩，此則有志之士，可以勉力為之，立竿見影者也。聖賢豪傑，豈有種子？大半皆銖積寸累，漸作

而漸近，漸似而漸成耳。（批彭椿年呈）

在這兩段裏，見到他們初起時的整個情形。在旁觀者總覺一般書生，那裏能耐艱苦？因此便會時時加侮。曾氏這兩段話，固然是勉勵他的部屬，也可以說是他自己時自警惕的衷曲。所謂咬定牙根，向前做去，熬過幾次，……與所謂銖積寸累，漸作而漸近，漸似而漸成，就簡直是他自己爲學治事的精神所在。他們就是憑着這副精神，忍辱含垢，咬定牙根，與環境奮鬪，卒雪書生不耐艱苦之恥，而成戡定大功。在他所謂熬過幾次的「熬」字裏面，就可推想他們當時作事的困難重重，與反對派的旁觀譏訕了。這種情形並不是完全因他這兩段話，或者這兩段話中的幾個字句去憑空推測的，我們只要略一考察當時的掌故，就可知道有淸中葉將士的腐敗，和他們事業上的荆棘，試看曾氏的書札奏議，和時賢的議論，均不難見到：

兵伍之情狀，各省不同，漳泉悍卒，以千百械鬪爲常，黔蜀冗兵，以勾結盜賊爲業，其他吸食雅片，聚開賭場，各省皆然，大抵無事則游手恣睢，有事則雇無賴之人代充，見賊則望風崩潰，賊去則殺民以邀功，稟奏屢陳，諭旨屢飭，不能稍變錮習。（曾奏疏）

近世之兵孱怯極矣，而偏善妒功忌能，懦於禦賊，而勇於擾民，仁心以媚殺己之賊，而很心以仇勝己之兵勇。其仇勇也，更勝於仇兵。近者兵丁殺害壯勇之案，層見迭出，且無論其公相仇殺；卽各勇與賊戰殷殷之際，而各兵不一相救，此區區之勇，欲求其成功，其可得耶？不特勇也，卽兵與兵相遇，豈有聞此營已敗，彼營往救者乎？豈有聞此軍餓死，而彼軍肯分一粒往哺者乎？（見曾書札與王鑫書）

驅怯戰之兵，日日浪戰，以冀幸其一勝，軍興三年，無一人深入賊營，探其虛實，賊營動靜，無能知者。亦未聞設一奇策，引其入彀……今粵西乃棄民以嘗賊，以此圖功，竊所未喻。其失一也。粵軍兵將臥耽鴆毒，卽無疾病，亦半委靡，選將不精，束伍不定，以此言戰，何恃不恐？以此言兵，雖多奚為？其失二也。（胡林翼通飭修築碉堡啓）

當咸道之際，民不知兵，強寇竊發嶺外，其勢猋忽震蕩，是時楚軍淮軍風氣未開，疆臣武臣，但依疲窳渙散傭丐充數之營兵，當彼黠悍方張之寇，譬若驅羣羊咋餒虎，撥橋葦以燎於洪爐，至則靡耳。（薛福成書陸建瀛失陷江寧事）

這幾段可以寫盡清朝中葉將士的腐敗驕惰，不但助敵造亂，不能作戰，而且善於妬功忌能，國藩他們新興的湘勇，當然在所必忌妬仇殺之列，觀其所謂兵丁殺害壯勇之案，層見疊出，可為痛心。曾憶胡林翼嘗謂「勝保（滿將）每戰必敗，每敗必以勝聞。」又謂「勝保在蔣壩殘敗不復能軍，山東人向呼此公為敗保。蓋其治軍也，如鄭公子突所謂勝不相讓，敗不相救，輕而不整，貪而無親。』舉這一個滿將，可以代表全體的滿將旗兵了。當太平軍定都江寧，琦善和春等所率領的江北大營，與江南大營，算是清廷的主力軍隊，然皆次第爲太平軍殲滅淨盡。當江南大營被殲滅的時候，江北大營早已敗亡，一般人莫不爲清軍憂慮，獨左宗棠聞之嘆曰：『天意其有轉機乎？』或問其故。曰：『江南大營，將蹇兵疲，豈足討賊？得此一番洗蕩，後來者始得措手。』果然，自江南大營洗蕩之後，政府才死心塌地，信任曾國藩，一班滿洲將吏，也才莫敢誰何，而時局也才有急轉直下之勢。然而曾國藩却能聚集一班書生，轉移全國風氣，我們到不能不研究他治軍的精神，到底是怎樣一回事？

他雖然是一位書生，但是治起軍來，到不一定是書生面目。他說：『讀書之與用兵，判然兩途，』所以他那些訓練士卒的方術，和臨陣制勝的策略，驟然看去，到不免令人驚異；不過歸根結柢，他那根本精神，則仍是一貫。他感覺當時軍隊，所以抵不住用，其根本原因，就在將驕士惰，他便看定這一個病根，痛下藥石。凡他自己所練的新軍，第一步便要使他生氣勃發，勿有絲毫驕惰之氣。他說：

軍事有驕氣惰氣，皆敗氣也，孔子臨事而懼，則絕驕之源，好謀而成，則絕惰之源，無時不謀，無事不謀，自無惰時矣。日記

治軍之道，以勤字爲先，……勤則勝，惰則敗，惰者暮氣也，常常提其朝氣爲要。日記

這可算是他治軍的根本精神，常常提其朝氣，就是一舉一動，都要具有新興氣象，這個新興氣象的總名詞，就是一個「勤」字。他嘗說：「約束弁兵，以勤字爲本，刻刻教督，是曰口勤；處處查察，是曰腳勤；事事體恤，是曰心勤。」批牘 既如此時時以勤字爲念，則所謂爲善惟日不足的氣象，自然無暇吸煙賭博淫侈擾民，凡此諸端，皆由驕惰二字產生。平時如此驕惰，當然談不到訓練，更談不到得民衆的同情與援助。如此，一朝遇戰，安得不望風崩潰？所以曾氏治軍的祕訣，在積極方面，惟在一個勤字；在消極方面，則勿驕勿惰。他所謂去其暮氣，提其朝氣，這便是一個易知易行的下手工夫。至於具體的治軍精神，歸納起來，有下列各點：⑴在主張上能使將士與敵派絕對不並立，卽是要將士有澈底打倒敵派主張的敵愾精神。⑵要在生活上能使將士與敵派絕對不並存，卽是要將士有澈底肅清敵派黨徒的攻擊的精神。⑶要在行動上能使將士與人民打成一片，卽是要將士有紀律不擾民，更進而能與人民合作殺賊。⑷要軍隊的長官與士兵，官長與官長，士兵與士兵都有協同動作之精神，卽是要軍心不爲敵派所動搖，作戰不爲敵派所各個擊破。參閱陳著胡曾左平亂要旨第四章 用這種精神去治軍，軍隊的成績如何呢？他有一個理想：

僕之愚見，以爲今日將欲滅賊，必先諸將一心，萬衆一氣，而後可以言戰，而以今日營伍之習氣，與

今日調遣之成法，雖賢者不能使之一心一氣，自非別樹一幟，改弦更張，斷不能辦此賊也。鄙意欲練鄉勇萬人，概求吾黨質直而曉軍事之君子將之，以忠義之氣為主，而輔之以訓練之勤，以庶幾於所謂諸將一心萬衆一氣者，或可馳驅中原，漸望澄清。（與王鑫書）

鄙意欲練勇萬人，呼吸相顧，痛癢相關，赴火同行，蹈湯同往。勝則舉杯酒以讓功，敗則出死力以相救。賊有誓不相棄之死黨，吾官兵亦有誓不相棄之死黨，庶可血戰一二次，漸新吾民之耳目，而奪逆賊魂魄。自出省以來，日夜思維，目今之急，無逾於此。（與文任吾書）

近日官兵在鄉，不無騷擾，而去歲潮勇有姦淫擄掠之事，民間倡為謠言，反謂兵勇不如賊匪之安靜。國藩痛恨斯言，恐民心一去，不可挽回，誓欲練成一旅，秋毫無犯，以挽民心，而塞民口。每逢三八演操，集諸勇而教之，反覆開說至千百語，但令其無擾百姓，……蓋欲感動一二，冀其不擾百姓，以雪兵勇不如賊匪之恥，而稍變武弁漫無紀律之態。（與張亮基書）

這是他所希望的理想成績；但是這種理想，還能在不如賊匪之舊武弁身上得到嗎？當然只好別樹一幟，改絃更張，庶乎可以馳驅中原，漸望澄清。要想培養出這種成績，其最大培養劑，則在以忠義之氣為主。有了忠義之氣，自然會一德一心，不擾百姓，而其下手工夫，又必將其暮氣滌淨，朝氣提起，然後才談到訓練。

訓練最重要之點，便要有身體力行，以身作則的精神模範。敎人不怕死，自己就得先不怕死；敎人不愛錢，自己就得先不愛錢；敎人不擾民，自己就得先不擾民；敎人勝則讓功，敗則相救，樸質勤勞，沉着忍耐，與夫一切精神，爲將士所不可少者，俱得先由本身一一表現出來，然後再訓練他部屬將領，然後再訓練兵勇士卒，如此自然可以煥然一新，馳驅中原。我們看他與各將領的書札批牘，敎各將領應具的氣度，句句都見得出於他的肺腑，卽處處見得是他自己身體力行的模範。他嘗對將士說：『營官果能勤以自勵，廉以率下，自可作士氣而服衆心。……我敎爾等，卽如父兄之敎子弟，字字皆我之心血，切莫忽略看過。』

批牘

大概凡做領袖，尤其是軍事領袖，假如不能以身作則，欲望羣下確守紀律，不但在這種情形之下，根本就無紀律可守，卽有，也是病的死的，所謂徒法不能以自行，所以他的態度是：

帶勇之人，……血性爲主，廉明爲用，三者缺一，若失輗軏，終不能行一步也。

爲將之道，謀勇不可以强幾，廉明二字，則可學而幾也。弁勇之於本官將領，他事尚不深求，惟銀錢之潔否，保舉之當否，則衆目眈眈，以此相伺，衆口嘖嘖，以此相譏；惟自處於廉，公私出入款項，使闔營共見共聞，淸潔之行，已早有以服弁勇之心，而於小款小賞，又常常從寬，使在下者恆得沾潤膏澤，則惠足使人矣。明之一字，第一在臨陣之際，看明某弁係衝鋒陷陣，某弁係隨後助勢，某弁迴合力堵，某弁見危先避，一一看明，而又證之以平日辦事之勤惰虛實，逐細考核，久之雖一勇一夫之長短賢否，皆有以識其大略，則漸幾於明矣。得廉明二字為之基，則智信仁勇諸美德，可以積累而漸臻。批吳廷華稟

當營官統領者，有四個不字訣：不要錢、不怕死、不偷嬾、不擾民。批牘

帶勇之人，第一要才堪治民，第二要不怕死，第三要不急急名利，第四要耐受辛苦……大抵有忠義血性者，則四者相從以俱至，無忠義血性，則貌似四者，終不可恃。

凡將才有四大端：一曰知人善任，二曰善覘敵情，三曰臨陣膽識，四曰營務整齊。咸豐七年十月廿七日與沅浦弟

他平時所與各鎮將領的函牘，及與各將領面晤時所反覆叮嚀者，多不出此類議論。這是他感覺為將領者應具之氣度，他覺得做大將所最不可少者，就是忠義的血性，而又處處能廉明。只要有了這個條件，則凡他所講的四個不字訣，與四大端等，均不難相從以俱至。且將領必得具有這副氣度，然後才能感動士卒，才能起士卒之信仰，才能訓練士卒，率領士卒去與敵人作殊死戰。茲述其訓練士卒之方術。

關於他訓練士卒的規條甚多，大率散見於其雜著批牘書札之中，對於營哨，對於兵士，對於他們起居生活，營房駐紮，出陣攻守，均有一定規章與告誡。兵勇不識字，則製成種種歌詞，如愛民歌、得勝歌、解散

歌、保守平安歌等，都是把軍中最重要的規律，和軍人最重要的天職，用淺顯生動的文字，編成歌曲使兵士一個個口誦心維，無形中印入腦筋，雖然未必能使一個個人對一句句都發生效力，但是當他擾亂百姓的時候，忽然想到愛民歌，心中總會有點惻然吧！再加上營官哨官，上下一致的用一貫精神去訓練，就不難如所期望了。因此他把訓練事體，看得很重，訓練意義，亦說得至明。他說：『訓有二：訓打仗之法，訓作人之道。訓打仗則專尚嚴明，須令臨陣之際，兵勇畏主將之法令，甚於畏賊之砲子。訓作人則全要肫誠如父母教子，有殷殷望其成立之意，庶人人易於感動。練有二：練隊伍，練技藝。練技藝，則欲一人足禦數人，練隊伍則欲數百人如一人。』（批韓進春稟）這幾句話可算是他訓練士卒的總綱。其餘散見於他全書中者，更不一而足。茲錄其勸誡營官四條、即可見其訓練士卒的具體辦法之一般了。

一曰禁騷擾以安民　所惡乎賊匪者，以其淫擄焚殺擾民害民也。所貴乎官兵者，以其救民安民也。若官兵擾害百姓，則與賊匪無殊矣。故帶兵之道，以禁止騷擾為第一義。百姓最怕者，惟強擄民夫，強佔民房二事。擄夫則行者辛苦，居者愁思；佔房則器物毀壞，家口流離。為營官先禁此二事，更於淫搶壓買等事，一一禁止，則造福無窮矣。

二曰戒煙賭以儆惰　戰守乃極勞苦之事，全仗身體強壯，精神充足，方能敵愾不敗。洋煙賭博，二者旣費銀錢，又耗精神，不能起早，不能守夜，斷無不誤軍事之理。軍事最喜朝氣，最忌暮氣，惰則皆暮氣也，洋煙癮發之人，涕淚交流，遍身癱軟，賭博勞夜之人，神魂顚倒，竟日癡迷，全是一種暮氣。久驕而不敗者，容或有之；久惰卽立見敗亡矣。故欲保軍士常新之氣，必自戒煙賭始。

三曰勤訓練以禦寇　訓有二端：一曰訓營規，二曰訓家規；練有二端：一曰練技藝，二曰練陣法。點名演操，巡更放哨，此將領敎兵勇之營規也。禁嫖賭，戒游惰，愼語言，敬尊長，此父兄敎子弟之家規也。爲營官者，得待兵勇如子弟，使人人學好，個個成名，則衆勇感之矣。練技藝者，刀矛能保身，能刺人，槍砲能命中，能及遠。練陣法者，進則同進，站則同站，登山不亂，越水不雜，總不外一熟字；技藝極熟，則一人可敵數十人，陣法極熟，則千萬人可使如一人。

四曰尙廉儉以服衆　兵勇心目之中，專從銀錢上着想。如營官於銀錢不苟，則兵勇畏而且服；若銀錢苟且，則兵勇心中不服，口中譏議，不特扣減口糧，缺額截曠，而後議之也。卽營官好用親戚本家，好應酬上司朋友，用營中之公錢，謀一身之私事，也算是虛糜餉錢，也難免兵勇譏議。欲服軍心，先尙廉介；欲求廉介，必先崇儉樸。不妄花一錢，則一身廉，不私用一人，則一營廉，不獨兵勇畏服，亦且鬼神欽服矣。

這幾條可以代表他訓練士卒之一般方術。生活，習慣，行軍技藝，乃至立身爲人之道，都詳詳細細殷勤告誡，而又加上他那知人善任之明，凡部屬不遵照辦理者，便有相當懲戒。以知人善用之明，加之以忠誠惻怛之教諭，再加之以公正廉明之賞罰，人非木石，焉有不抒誠向化之理？所以我覺得以他一介書生，起而治軍，居然治得很好，就是全憑他那副誠拙忠義之氣。禮記大學有兩句話：『如保赤子，心誠求之，雖不中不遠矣。』我於曾氏治軍亦云。

他並不是紙上談兵，並不是書生大言，空談誤國的談兵。他是實際臨陣，成敗利鈍在於當前，固非空談理論者可比。我們翻開他的批牘，看他所教諭各將領行軍用兵之道，與批評各將領所以致敗之由，眞是「雖古之名將，不能過也。」平時我們意想他那種立身爲人的態度，恐怕定要感覺他用兵總不免呆板，甚致會受敵人誘騙，孰知事乃有大謬不然者。他的臨陣制勝之策略，簡直是靜如處女，動如脫兔，神龍變化，不可方物。當張運蘭失陷牛角嶺的時候，他就說『兵法最忌形見勢絀四字，常宜隱隱約約，虛虛實實，使賊不能盡窺我之底蘊；若人數單薄，尤宜知此訣，若常紮一處，人力太單，日久則形見矣。我之形既盡被賊黨覷破，則勢絀矣，此大忌也。必須變動不測，時進時退，時虛時實，時示怯弱，時示强壯，有神龍矯變之狀，老湘營昔日之妙處，全在乎此。此次以三百人紮牛角嶺，己是太呆，正蹈形見勢絀之弊，除夕曾函止之，十一日五旂失陷後，再以第三旂紮此，則更呆矣。……』大概軍旅之事，宜多實際而少理論，此處所謂形見勢絀，爲兵家大忌實爲一切戰術之總綱。我們歸納他臨陣制敵的策略，要不出奇以制正，靜以制動，即此二端，運用靈活起來，便有神龍矯變之妙，茲析言之。

怎樣是奇以制正？就是臨陣制敵而不以常法，所謂出奇制勝，在兵家爲最可貴之策略，而亦最危險之動作。因爲他要以少勝多，以逸勝勞；勝固足以摧敵，敗亦足以爲敵所撲，故非老謀深算，有多數把握時，不宜輕用然苟以制勝，則又利市百倍也。他說平日非至穩之兵必不可輕用險着；平日非至正之道，必不可輕用奇謀；然則穩也正也，人事之力行於平日者也。險也奇也，天機之湊迫於臨時者也。此可見出奇固足以制勝，然非天機湊合，至穩之兵，至正之道，必不可以輕用。且須深明奇正之義，熟審奇正之形，然後才可運用。他解釋奇正之義，和運用奇兵之法，都很明晰。

中間排隊迎敵爲正兵，右左兩邊抄出爲奇兵，屯宿重兵堅紮老營與賊相持者爲正兵，分出游兵，飄忽無常，伺隙狙擊者爲奇兵，意有專向，吾所恃以禦寇者爲正兵，多張疑陣，示人以不可測者爲奇兵，旌旗鮮明，使敵不敢犯者爲正兵，羸馬疲卒，偃旗息鼓，本强而故示以弱者爲奇兵，建旗鳴鼓，屹然不輕動者爲正兵，佯退設伏，而誘敵者爲奇兵。忽主忽客，忽正忽奇，變動無定時，轉移無定勢。能一一區而別

之，則於用兵之道，思過半矣。日記

老營處孤危之地，則小隊出奇之師，貴少不貴多，貴變不貴常，古人謂之狙擊，明人謂之雕勦，設小隊稍有疏失，而老營仍一塵不驚，斯爲盡善。老營則安如泰山，小隊則動如脫兔。批張運蘭牘

此處關於奇正之義，解釋至爲明瞭，卽運用之機，亦略示端倪；因爲此係兵法奇謀，至爲危險，須臨陣相機行事，非可紙上空談。總之奇兵只可以作一個別動隊，飄忽無常，爲誘敵之計，譬如賭博，欲以少數贏得多數，是卽兵家運用奇兵之義。故非看定有可贏之機，不輕投注。於正當營業，則兵家正兵之義，故不可不堅穩鮮明。這是在他全書之中，屢屢叮嚀我們的，就是叫我們要深明奇正之義，而不可輕用奇兵。他主要戰略，還在靜以制動，卽是以主制客，奇兵是不輕用，更不常用。不過將領們不可不明奇正之義罷了。因爲他們的敵人太平軍，不是正規的軍隊，部卒多由隨地裹脅而來，聚集甚衆，既無訓練，按太平軍所以到處焚殺此爲主因當然不利於正面衝突；然而內中將官如陳玉成、李秀成、石達開輩，確是一時名將，故不得已而慣用奇兵，不打硬仗，專伺官軍之隙，而不使官軍明其情形。是以有時行蹤非常猋忽，使官軍疲於奔命，有時堅守城壘，使官軍難於攻擊，有時突圍而出，使官軍防不勝防。因此不能不對準這種敵情，而講求特殊的戰略與戰術。敵人是慣用奇兵的，假如官兵也慣用奇兵，老實說官兵是打不過他們那爲目的不擇手段的流寇；

所以曾氏的主張，是以有定之兵，制無定之寇。然而對敵人伎倆，却又不可不知，因此我們可以說他這種臨陣制敵的策略，是重在「靜以制動，節節進擊。」靜以制動，就是要能反客爲主，不輕戰，不浪戰，不隨敵人四處追擊，設法使敵人不得不來接戰，而我沉着鎮定以應之。節節進擊，就是在攻擊之中，有防禦的準備，不使爲敵人的奇兵所暗算。這樣的戰略，似乎是太穩健了，但是他們攻擊的精神，還是很厲害，譬如在鄂皖之間，與陳玉成的劇戰，在皖贛之間，與李秀成的劇戰，都是異常猛烈；更如羅澤南、李續賓、多隆阿、鮑超、江忠源輩，都是極勇猛的名將，後來曾氏因爲江、羅、李諸將因猛攻身死，甚至慘敗，故戒各將領，宜審察敵情，相機戰守。

先安排以待敵之求戰，然後起而應之，乃必勝之道；蓋敵求戰，而我以靜制動，以逸待勞，以整遇散，必勝之道也。此意不可拘執，未必全無可採。

凡出隊有宜速者，有宜遲者。宜速者我去尋賊，先發制人者也，宜遲者賊來尋我，以主待客者也。主氣常靜，客氣常動，客氣先盛而後發，主氣先微而後壯。故善用兵者，最喜爲主，不喜作客。休祁黟合軍，但知先發制人一層，不知以主待客一層，加之探報不確，地勢不審，賊情不明，徒能先發而不能制人，鄙人深以爲慮，請閣下與諸公講明此兩層，或我尋賊，先發制人，或賊尋我，以主待客，總須審定乃行，切不可

於兩層一無所見，貿然而出。書札

攻城最忌蠻攻兵法曰將不勝其忿而蟻附之，殺士卒三分之一，而城不拔者，此攻之災也。批牘

賊若來撲漁亭，我官軍切不可出隊太早，須待各路之賊到齊，看明何路賊多，何路賊少，何路賊強，何路賊弱，何路為賊之正兵，何路為賊之伏兵，一一看清，待營中飽吃中飯後，申酉之間，天色將晚，賊久立氣疲，頭目欲戰，衆賊欲歸，然後出隊擊之，必可獲勝，勝後不必遠追，追五六里，整隊還營可也。若賊來太多，則堅守不出。批牘

此處可算是他的中心戰略，全重以主制客，決不輕舉妄動；所以他嘗叮嚀將士，『必須謀定後戰，切不可蠻攻蠻打，徒傷士卒。』又謂『不輕敵而慎思，不怯戰而穩打。』處處以逸待勞，以靜制動，即至自己陷至客的地位，亦必須設法反客為主，苟不深明敵人動靜，寧可不去猛攻，不可浪戰，而至於「雖先發而不能制人，」則將變成反主為客，正是所謂情見勢絀了。他這種戰略，最為踏實，尤其是用以制流寇式的太平軍，最為相宜。此種穩紮穩打的戰略，自湘軍以至於淮軍，都謹守勿失，後來湘淮合軍平捻，更是得力於此。

曾氏戰略，可說是拿主以制客為體，奇以制正為用。他的大本營全是正兵，全做成主的地位，遇到適

當機會才用奇兵，這固然是因敵人之勢而制成這種戰術，然而主將的個性與學養，亦有相當關係。曾氏是極穩健派的學者，我們看他立身為人，做學問，都是穩健的一路，用兵也仍未脫此本色；所以這種戰略，可以說是因勢制宜，也可以說是出於主帥的一貫精神。

總之他雖不是軍事人才，但是能有此成績，我以為不出兩個主要原因：第一就是他那副誠拙忠義的精神，其次則是就事磨練而成。因為有他那副誠拙忠義的精神，所以處處能按步就班集思廣益，而得到事實上的美滿結果。能虛心謹慎，在事上磨練，故事的本身，能隨時精進。因為這兩種精神的作用，所以他雖然是一個外行軍事家，却成功這麼大的事業，並且由今觀之，凡他治軍的精神，和訓練士卒之方術，臨陣制敵之策略，即今世號為軍事家者，似亦未必過是。其一般原理，雖時過境遷，至於今日，猶有很多地方，未可磨滅。因此我們得到兩個教訓：一是凡事只須拿出真誠忠義之氣去做，不但事可必成，而荊棘且將自去。二是凡人在社會上的成就，無論大小，都是社會培植之功，野心家在那裏妄想做一個造時勢的英雄，是不獨把歷史因果律看倒了，且終必至僨事而不自知。縱觀今古，橫觀世界，都不難得到事實證明，曾公事業更無論矣。

第九章　治吏

一種政治的設施，應以時勢為對象，在某種時代和某種形勢之下，宜乎某種政治，這可以說是政治變遷史上的一大原則。因此我們現在要來追述曾國藩整飭吏治的方術，亦必先明白其時代與形勢，然後再看他的政治設施，才能明白其意義。他那時代，可算是清廷政治腐敗達於極點的時期，洪楊一呼而天下騷動，並非洪楊政治有什麼深洽民心之處，實因清廷官吏太壞，人民久不堪命，故一聞洪楊倡亂，而天下莫不浮動。然而洪楊倡亂十五年，蔓延十六省，而卒就剿滅者，則由於洪楊等腦筋中充滿了帝王思想，對於政治設施，毫無新興氣象，若輩所打算者，只在個人之富貴利達，曾未思及民間疾苦，慨然有拯濟之心，而清廷則反由腐敗而漸具生機，故能一舉而蕩平羣寇。是知政治腐敗，乃內亂之媒，政治清明，寇自消滅，一部中國史莫非成則為王，敗則為寇。什麼是成敗？外面看起，似乎是武力，仔細推敲，還是政治。且專恃武力，終必底於滅亡，項羽、劉邦，便是一個顯例。以曾國藩的時代論，清廷原是異族，雖政治腐敗，天怒人怨，然而得一轉機，猶得延長數十年命運；洪楊為民族革命者，然而劫殺盜淫，橫征暴斂，民族亦不表同情，可知政治與民心之關係，有如此者！

清廷政治怎樣會有轉機的呢？其唯一原因在曾國藩、胡林翼等的才識過人，看定戡亂之要，首在政治清明，胡林翼嘗謂『吏治不修，兵禍之所由起也；士氣不振，民心之所由變也。官吏之舉動，為士民之所趨向紳士之舉動，又為愚民之所趨向。未有不養士而能致民者，亦未有不察吏而能安民者。』又曰：『救天下之急症，莫如選將治天下之眞病，莫如察吏。兵事如治標，吏事如治本。』曾國藩曰：『今日局勢，若不從吏治人心上痛下工夫，滌腸盪胃，斷無挽回之理。』他們能看到民心向背，在於政治優劣，天下眞病，不在軍事而在政治，不從吏治人心上痛下工夫，斷無挽回之理。曾氏的治吏精神，全基於此。

中國官途，蓋自明之中葉已呈腐敗之象，觀宗臣報劉一丈書而知當時官途黑幕，不減今日。至其末造，則腐敗更甚，官府壞於吏胥，地方壞於鄉紳，滿清承之，既毫無文化，更難言吏治，且妬忌漢人，無所不用其極，故一切政治設施，舉不出明朝胥吏範圍；雖純正潔白之士，一入官途，即往往變其氣習，甘與胥吏為伍，而成或萬惡淵藪的社會。欲潔身自好，只有跳開政治漩渦的一法。因此政治腐敗，官吏貪污，視為固然。曾氏他們的整飭吏治，很看清這一點，所以極力提拔一班純正潔白的書生，教他們替百姓做些切實的事業；但是書生雖有純潔的長處，却有時因為閱歷短淺而不通大體，或拘於小而礙於大，或放言高論而少切實，或……然而他本質是潔白的，氣節是堅强的，操守是高尚的，只須得到相當的磨練，定能做出新氣象的事業來。當時曾國藩主持東南大政，凡所引薦，悉為書生，他很能運用書生之長而匡救其短，這是他治吏之特點。因此他的政術，不但是對民設施，並且還要對官訓導。茲就其治吏大端，分正己，戢亂，察吏，勸學四項述之：

所謂正己者，就是要一班官吏，永久保持自身的純潔，不要因爲做了官，便壞了自己的良心。怎樣可以保持自身的純潔呢？我以爲他常說的勤儉廉明，最爲中肯。能勤儉自能廉明，能廉明便能做好官，而可永久保持自身的純潔。在他批牘中，對各部屬尤其是各縣令，總是以此義叮嚀囑付。茲錄其與各縣令之批牘數首如左，以見一斑。

該令初次做官，未染官途習氣，尤宜保守初心，無論做至何等大官，終身不失寒士本色，常以勤字廉字自勵，如天地之陽氣，萬物賴之以發生，否則凋枯矣；如婦女之貞節，衆人因以敬重，否則輕賤矣。（批望江縣令周甫文禀）

大兵之後，民困未蘇，亦須加意撫循，不可稍涉苛擾，該令以書生初歷仕途，惟儉可以養廉，惟勤可以生明，此二語者，是做好官的祕訣，卽是做好人的命脈。（批廬江縣郭令禀）

該令等初到安慶時，本思從容敎誡，培成循吏；其後匆匆離皖，此願未償，昨至金陵相見，未改讀書本色，爲之一慰。勤廉二字，係爲政之本，平日必須於此二字認眞體會，俾案無片紙積留之牘，室無不可告人之錢，自有一種卓然自立之象。（批太平縣知縣蔣山禀）

廉明二字是做好官的祕訣，而亦是立身爲人之本。初做官時，未失書生本色，只須能勤，即能漸至於明，能儉即可以廉，此二字爲正己之始，循吏之基。這兩句話可算他自守教人的基本原理。誠然，「其身正不令而行，其身不正，雖令不從。」爲民上者一舉一動，既爲民所觀瞻，德之流行，速於置郵而傳命；惡之流行，亦速於置郵而傳命。曾氏嘗曰：『風氣之正否，絲毫皆推本於一己之身與心，一舉一動，一語一默，人皆化之，以成風氣；故爲人上者，專重修身，以下之效之者速而且廣也。』日記 古人居高位所以戰戰兢兢，不敢或懈，所謂「若朽索之馭六馬，」都是看透自己的責任重大，己身不正，即「是播其惡於衆也，」其害何可勝言？所以政治好壞的先決問題，端在官吏本身的純正與否。所以他說：

> 居高位之道約有三端：一曰不與，謂若於己毫無交涉也。二曰不終，古人所謂日慎一日，而恐其不終；蓋居高履危，而能善其終者鮮矣。三曰不勝，古人所謂懍乎若朽索之馭六馬，慄慄危懼，若將隕於深淵；蓋惟恐其不勝任也。鼎折足，覆公餗，其形渥，凶。言不勝其任也。方望溪言漢文帝之爲君，時時有謙讓若不克居之意，其有得於不勝之義者乎？孟子謂周公有不合者，仰而思之，夜以繼日，其有得於惟恐不終之義者乎？日記
>
> 爲政之道，得人治事二者並重。得人不外四事：曰廣收，愼用，勤教，嚴絕。治事不外四端：曰經分，綸合，

詳思，約守。操斯八術以往，其無所失矣。日記

李次青赴徽州，余與之約法五章：曰戒浮，謂不用文人之好大言者。曰戒謙，次青好為愈恆之謙，啓寵納侮也。曰戒濫，謂銀錢保舉宜有限制也。曰戒反覆，謂次青好朝令暮改也。曰戒私，謂用人當為官擇人，不為人擇官也。日記

凡治大事，以員少為妙，少則薪資較省，有事責而無推諉；少則必擇才足了事者而劣員不得濫竽其間；少則各項頭緒悉在二三人心中手中，不至叢雜遺忘，多則反是。總之為事擇人，則心公而事舉，為人謀事，則心私而事廢。該局冗員稍多，以後大小事件，須有專責，一一吹竽，則漸有起色矣。批江寧萬藩司啓琛等稟

凡此皆所謂求在己者也。為政不能如此，即難有清明之望。不與，不終，不勝，可謂從政人員之極則，無論大小地位，都應該如此。質言之，就是凡居領導地位，均須具此三端，事的本身才能做好。不過「不勝」「不終」他都解釋得很清楚，並且舉有例證了。「不與」的意義如何呢？我以為就是舜禹有天下而不與焉的「不與」。「不與」就是「不有」，不有其功不有其位，都是「不與」的意義。怎樣就是「與」呢？就是自有其功自有其位，做皇帝就以天下為私產，做官吏即以官位為私有，似乎有了地位，就等於賺得一份產業，應享有特種權利，而自忘其義務，處處表現自己是有權威的，是應該高人一等的，這便叫做與，

叫做有居高位者只要有了這層觀念，那麼一切設施，都不會適當。縱有一二釣名沽譽之事，似乎是出於愛民，然究竟是藉以爲鞏固自己地位的手段，與眞心愛民者，終是兩事。且必有「不與」的精神，才談得到不終不勝之義，不然，視天下爲私有，既不對任何人負責，更何須不終不勝呢？故必視官位與己毫無交涉，然後才是眞心替百姓做事，才會有「恐其不終」「恐其不勝」之意，亦才談到得人治事之方法。故我嘗以爲凡做一切的領袖，都先要有「不與」的觀念，才能以事爲主，而不以個人私見爲主。這然後自然會虛心下問，勤儉廉明，日求正己之道，以求免於顚危。有了這個基本觀念，然後如有才力不足之處，由人指導，才可以虛受。至於胸懷器量，固然有許多是生成偉大，如舜禹之有天下而不與焉，亦有並非生成偉器，而可以借學問淬勵，事業磨練，使漸練漸進，以至於不與的境界。此處他所謂爲政之道，與萬藩司之批，我以爲都是砥礪屬員正己的方法，亦卽借以磨練胸懷的工具；卽與李次青所定的約法五章，雖然是對個人有爲而發，然內容所及，亦確爲一般官吏最易犯之事實。他且勿論，卽所謂用人當爲官擇人，不爲人擇官，試問居高位者，有幾人眞能如此！不能如此，卽是己身之不正矣，更何能談到正人！

他那時所謂政治，多半是軍事之後的設施，更有許多是軍事甫息，匪患未絕，地方官不但要有政治長才，並且還要有剿匪能力。卽不然，亦須竭力輔助軍人，安良除暴。質而言之，在他的理想，能合當時的情況，最好是將能兼吏，吏能兼將，所以他對將官說的話，與對文吏說的話，其基本意義，類皆相似。薛福成曰：『曾國藩之在江南治軍治吏本自聯為一氣。自軍旅漸平，百務創舉，曾國藩集思廣益，手定章程，期為行之經久，勸農課桑，修文興教，振窮戢暴，獎廉去貪，不數年間，民氣大蘇，而官場浮惰之習，亦為之一變。』觀此可知他的治軍治吏，心目中原無區域。不過一個是衝鋒陷陣，攻城奪壘，一個是整頓後方，與民休息。二者原是一氣相連，無可間斷，所不同者，武將重在戰術，文吏重在治道，而安良除暴，則又二者之共同目標，故其對官吏有這樣的兩段話：

土匪橫行，宜大加懲創，擇其殘害於鄉里者，重則處以斬梟，輕亦立斃杖下。戮其尤凶橫者，而其黨始稍戢，誅其尤害民者，而良民始稍息；但求於孱弱之百姓，少得安恬，即吾身得武健嚴酷之名，或有損於陰隲慈祥之說，亦不敢辭已。牘批

告訐之脅從，概從寬宥，以絕株累誣扳之風。訪獲之頭目，必置重典，以杜煽誘猖獗之漸。治脅從則有黨必散，治頭目則有犯必懲。外寬內嚴，恩威並用，不過數月，必有大效。牘批

這兩段都是說當時官吏應該負起戢亂的責任，只要於百姓有實利，即自己受禍，亦所不計。蓋「治亂國，用重典」；彼時彼地的官吏，不如此即不足以安多數之良民，且不能澈底戢亂，即有任何優良政治，

亦無從設施；故此時官吏，應先負起戡亂之責，然後才談到政治措施。

曾氏的理想，是要自己訓練出一班書生本色的循吏，使他們去負戢暴安民的責任，以收拾民心，與民更始。但是如何能使這個理想不落空而可以成爲事實呢？便要看他那種嚴密而敦厚的察吏方法了。薛福成嘗述曾氏察吏之法，謂『其法於蒞任之始，令省中司道，將所屬各員，酌加考語，開摺彙進，以備校覈，一面留心察訪，俾有所聞，卽登之記簿，參伍錯綜，而得其眞倓賢否昭然，具疏舉劾，闔省驚以爲神，官民至今稱頌。曾國藩未嘗專講吏事，然其培養元氣，轉移積習，則專精吏治者所不逮也。』這足見得他察吏方法，嚴密如此。然而他並不是苛刻，他的嚴密，完全是對事，不是對人。所以對事是嚴密了，對人還是敦厚這是如何說法呢？就是說對事的本身非常嚴密，一步不放鬆；但是訓導培養吏材，則又極寬厚慈祥之至。可以說他的察吏方法，一半是留心訪察，一半是訓導培養。因此他的屬吏，賢者益自奮勵，不肖者亦能自勉。關於考察情形，在第六章中及此處所引薛福成的言論，可以得其大概，惟是前所言者，大抵偏於嚴肅的一方面，實則嚴肅之中，處處帶慈祥之意。看下面兩段，便可知了。

稽察屬員，宜如父兄之教子弟，先之以訓誡，繼之以嚴飭，不可遽存疾視之心，致成隔膜。如有不服教誨，怙終不悛，及實干貪酷六法之員，則立挂彈章，不必問參員心服與否，更不宜聽揚言而自形憤懣

也。（批安集司稟）

爲督撫之道，卽與師道無異，其訓飭屬員，殷殷之意，卽與人爲善之意，孔子所謂誨人不倦也。其廣諮忠益，以身作則，卽取人爲善之意，孔子所謂爲之不厭也。此皆以君道而兼師道，故曰作之君，作之師。（日記）

這是何等剴切慈祥的態度？我們看他的書札與批牘，處處見得他有這副氣象。誠如父兄之敎子弟，業師之敎生徒，只有期望而無疾視；更因各人才質行徑，而予以相當的訓誡與鼓勵。譬如對陳國瑞則戒以「不擾民，不私鬬，不梗令。」對鮑超則敎以小心大度。他說：『小心者戒驕矜，戒怠忽，卽前此所謂花未全開月未圓也。大度者，不與人爭利，雖辦得掀天揭地事業，而自視常若平淡無奇，則成大器矣。』其他一切屬員，都時時予以這樣的訓練。他曾手訂勸誡淺語十六條，當時印成小册，分散部屬考察的時候，卽以此爲標準。十六條中，有四條是勸誡營官的，已見於上章。還有十二條，則勸誡州縣者四條，勸誡委員者四條，勸誡紳士者四條，茲錄其大綱如左：

勸誡州縣四條（原註云上而道府下而佐雜以此類推）一曰治署內以端本。二曰明刑法以淸訟。三曰重農事以厚生。四曰崇儉樸以養廉。

勸誡委員四條：（原註云向無額缺現有職事之員皆歸此類）一曰習勞以盡職。二曰崇儉約以養廉。三曰勤學問以廣才。四曰却傲惰以正俗。

勸誡紳士四條：（原註云本省鄉紳外省客游之士皆歸此類）一曰保愚懦以庇鄉。二曰崇廉讓以奉公。三曰禁大言以務實。四曰擴才識以待用。

此十二條中，每條之下，都有詳細的說明，與前所錄勸誡營官者相等。茲爲節省篇幅起見，錄其大綱，然己可見其概要。凡他所勸誡者，事事皆由他本身做起，部屬未能完全遵照者，則殷殷勸導之；其才力不足，發生事實上困難者，則設法輔助之；其有因公死事者，則優予撫恤，以勵廉吏。如此訓誡激勵，恩威並用，故能不數年間，風氣大變，此可見其訓練之功矣。

還有一事，在他政術中佔重要地位者，厥維勸學。勸學之方向有二：一爲勸官吏學，一爲勸地方人士學。勸學的目標亦有二：一曰勵人才，二曰厚風俗。誠然，一個人無論做什麼事，假如沒有學習研究的心志，則無論所司何事，都不會有多少進展。當然學習研究不一定要在書本上鑽尋，但是完全沒有拿書本的興趣，甚至鄙視書生，則亦談不到虛心研究，使自己才能有所進步。故就官吏說，要想自己才能日益廣大，至少要有一付學習研究的心志。就一地方說，假如地方人士，都不好學，勢必一方之人皆粗野鄙僿，而風俗亦必致日益澆漓。故勸官吏學，則人才日出；勸地方人士學，則風俗日厚；是為事實上必然之結果。這兩方面是有連環性的，所以他同時並教，使一般官吏都能於公務之餘，潛心向學，庶不致不學無術而為禍國殃民之事；使一方人士都能潛心向學，不但可以厚風俗，且可擢人才，所謂十室之邑，必有忠信，惟在上者擢而用之耳。茲先述其勸官吏學者如左：

今世萬事紛紜，要之不外四端：曰軍，曰吏，曰餉事，曰文事而已。凡來此者，於此四端之中，各宜精習一事，習軍事則講究戰攻防守地勢賊情等件，習吏事則講究撫字催科聽訟勸農等件，習餉事則講究丁漕釐捐開源節流等件，習文事則講究奏疏條教公牘書函等件。講究之法，不外學問二字。學於古則多看書籍，學於今則多覓榜樣，問於當局則知其甘苦，問於旁觀則知其效驗。勤習不已，才自廣而不覺矣。勸誡委員第三條

閑暇則讀書習字，深思力行，總不使此身此心，有一刻之怠惰，並與楊參將互相規勸，以勤勞二字為主，能吃天下第一等苦，乃能做天下第一等人，無得自暴自棄也。批江紹華禀

才力不逮，不必引以為歉。凡才力得之天禀者不足喜，得之人事者乃可據。厲志以廣之，苦學以踐之，才力無不日長者。水之漸也，盈科而進；木之漸也，積時而高。才力之增，亦在乎漸而已矣。批吳廷華禀

我在第一章中，卽曾說明曾氏把學字意義看的很廣，舉天地間一切事物，莫非是學。此處他舉出軍、吏、餉、文四端，係專對將吏委員之言。教他們就本身職務擇一講究，以求深造，並告訴他們講究之道，不外學問二字，更將學問二字分析得如此明瞭透澈，娓娓動聽，只要能够勤苦耐勞，自可日卽高明。且由勤苦耐勞中得來的學問，到是脚踏實地，銖積寸累，最靠得住。他所謂才力得之人事者乃可據，便是指此。所以我說官吏如能潛心向學，對個人則才能日進，對社會則人才日增。其勸地方人士者，又如何呢？他說：

風俗之美惡，主持在縣官，轉移則在士紳。欲厚風俗，不得不培養人力，古者鄉大夫賓興賢能，考其六德六行六藝，而登進之，後世風敎日頹，所謂六德者不可得而見矣，至於六行，曰孝、友、睦、婣、任、卹，孝友則宗族敬服，睦婣則親黨敬服，今世未嘗無此等人也；任則出力以救急，卹則出財以濟窮，今世亦未嘗無此等人也。六藝曰禮、樂、射、御、書、數，今世取士用文字詩賦經策，其事雖異，其名曰藝則一也。今之牧令，卽古鄉大夫之職，本有興賢舉能之責，本部堂分立三科以求賢士，凡孝友爲宗族所信，睦婣爲親黨所信者，是爲有德之科。凡出力以擔當難事，出財以襄成善舉者，是爲有才之科。凡工於文字詩賦，長於經解策論者，是爲有學之科。仰各州縣，採訪保舉，一縣之中多者五六人，少者一二人，其全無所舉，及舉而不實者，該牧令皆予記過。敎官如確有所見，亦可隨時稟保，有德者本部堂或寄扁額，以旌其宅，或延致來省，賜以酒食，餽之儀物。舉有才者，本部堂或飭屬派充團長，酌給薪水，或調省一見，札令幫辦捕務。舉有學者，本部堂或薦諸學使，量加獎拔，或召之來省肄業，優給膏火。每州每縣，皆有數人爲大吏所知，則正氣可以漸伸，奸宄因而斂跡，此雖與清訟無涉，而端本善俗，尤在於此。因一方之賢士，化一方之莠民，芳草成林，荊棘不鋤而自悴；鸞鳳在境，鴟梟不逐而自逃。諸良吏無以爲迂而忽之。（直隸清訟事宜第十條獎勵人才變易風俗）

學記曰：君子如欲化民成俗，其必由學乎？古之所謂學者，初非限於讀書，六德六行六藝，莫非是學。上有好者，下必有甚，果在上者眞能以學行自勵，對士民又能勸導獎進，無微不至，士民未有不望風而化，寖以成俗。苟在上者，自己不正，不學無術，則部屬將吏，亦必以類相從，頑鈍無恥，臭訴無節，其結果將使一世之人，皆知非阿諛諂媚，苟合取容，則無以自存。如是而猶望風俗敦厚，而不流於卑污苟賤，何由得乎？縱在上者，時時以禮樂教化爲口頭禪，而欲掩飾時人之耳目，亦徒見其心勞日絀而已。故我以爲曾氏所以能指揮部下將吏，如身之使臂，臂之使指，莫不聽從，其最大原因，就是他本身有學問，足以服衆。他是一切言行舉動，足以爲部屬士民之法，而又時時以勵人才厚風俗爲職志，部屬士民尙安有不從之理？且如他求賢的路徑，分爲三科，則凡士民之有一行之善，一技之長，均有以自見。如此不但使天下賢士無懷才不遇之慽，而正氣既伸，姦宄斂跡，所謂芳草成林，荊棘不鋤而自悴；鸞鳳在境，鴟梟不逐而自逃。眞是勵人才厚風俗之根本大計。易曰：『方以類聚，物以羣分。』又曰：『君子道長，小人道消。』邪正之互爲消長，乃千古以來無法避免之事實。居高位者既不可不看清此點，而爲之輔翼獎勵，使正氣得伸，姦宄斂跡，更不可不自檢點本身言行，務使一舉一動，一言一默，俱足以風民而服衆，庶乎言顧行，行顧言，而無出爾反爾之災也。詩云：『伐柯伐柯，其則不遠。』曾氏之言行不遠，患在不以爲則耳！

第四編　讀書

第十章　讀書的先決問題

平常人總會以為做學問就是讀書，書讀好了，就會有官做，做得官了，則富貴利達，乃至聲色貨利，都會源源而來。故曰：『書中自有黃金屋，書中自有顏如玉。』此可見一般人對於讀書的觀念，而讀書一事，所以會佔整個學問的領域，也無非為此。因此我們可以得到一個結論：做學問就是讀書，讀書可以升官發財。這句話固然不能包括過去現在的一切學者，但確是一般讀書人的普徧心理。故讀書這件事，在社會上的確看的很重要，然而讀書人愈多，社會國家只有弄得愈糟，尋根究柢，不能不歸結到讀書的目標問題。彼其以「顏如玉」「黃金屋」為讀書目標，當然時時刻刻，對目標以追求，人人如是，社會尚堪問耶？

曾氏數十年來，雖在戎馬倥傯之中，而讀書為文不輟，其教生徒，教子弟之讀書方法，尤能親切踏實，而為後進入學之門。不過他不是主張讀死書的，更不是拿讀書做尋求官階的工具。他以為讀書是做學問的一部份，而做學問的目標，應在「化民成俗。」他那個時代士氣頹喪，讀書人除帖括詩賦之外，已不知何爲學問除欲得舉人進士之外，已無所謂志向。所以他是一心一意想挽回這個頹風，先由自己本身做起，然後由近及遠，以造成一個良好風氣，正風俗而救人心。雖然事體甚大，但是他相信只要有一部份人，在那裏眞能以身作則，眞心倡導傳播，則亦未嘗不可以「轉移習俗而陶鑄一世之人」。他說：風「氣無常，隨人事而變遷，有一二人好學，則數輩皆思力追先哲，有一二人好仁，則數輩皆思康濟斯民。倡者啓其緒，和者衍其波，倡者可傳諸同志，和者又可嬗諸無窮，倡者如有本之泉，放乎川瀆，和者如支河溝澮，交匯旁流。先覺後覺互相勸誘，譬如大水小水互相灌注，以直隸之士風，誠得有志者導夫先路，不過數年，必有體用兼備之才，彬蔚而四出，泉湧而雲興。」(勸學篇示直隸士子)可知此事雖然甚大，只要去做，效果到也無難。故曰：『凡一命以上，皆與有責焉者也。』他又說：『讀書不能體貼到身上去，雖使能文能詩，博雅自詡，亦只算得識字之牧豬奴耳！用此等人做官，與用牧豬奴做官，何以異哉？』因此我們知道要想做「化民成俗」的事業，固然不可以不讀書，但是專讀死書，是不會「化民成俗」的，雖不讀死書而無遠大的志願，也不能「化民成俗」的；所以他認爲讀書第一個先決問題，就是要「志大人之學。」他說：

讀書之志，須以困勉工夫，志大人之學。(日記)

君子之立志也，有民胞物與之量，有內聖外王之業，而後不忝於父母之所生，不愧爲天地之完人，故其爲憂也以不如舜，不如周公爲憂也，以德不修，學不講爲憂也。是故頑民梗化則憂之，蠻夷猾夏則憂之，所謂悲天命而閔人窮，此君子之所憂也。若夫一身之屈伸，一家之飢飽，世俗之榮辱、得失、貴賤、毀譽，君子固不暇憂及此也。（道光二十二年十月二十六日致弟書）

人之氣質，由於天生，本難改變；惟讀書則可以變化氣質，古之精相法者，幷言讀書可以變換骨相，欲求變化之法，總須先立堅卓之志。卽以余生平言之，卅歲最好吃煙，片刻不離，至道光壬寅十一月廿一日，立志戒煙，至今不再吃。四十六歲以前作事無恆，近五年深以爲戒，現在大小事均尚有恆，卽此二端，可見無事不可變也。古稱金丹換骨，余謂立志卽丹也。（同治元年四月二十四日致紀澤）

凡此都是志大人之學之事。所謂大人之學，這裏也說得很具體，民胞物與之量，內聖外王之業，使匹夫匹婦皆得其所，所謂悲天命而閔人窮，這是何等盛德大業？豈是讀書求官之輩所能夢見？又豈終日佔畢咿唔於詩賦帖括者所能望其項背？然而同一讀書，或彼或此，便是所謂堅卓之志的作用。凡人讀書，莫不有志，志大人之學者固謂之志，卽志在升官發財，詩賦帖括者，亦何嘗不日夜孜孜，求達其志？故在讀書之始，假如不把志向定得正大，則其流毒將不堪聞問。記得是張蒿庵說的吧，『學者一日之志，天下治亂之源，生人憂樂之本矣。』所謂一日之志，我以爲就是學者讀書爲學之初，自己所期於自己者，是若何趨向，若何願望。這便叫一日之志。這種趨向，若在一身之屈伸，一家之飢飽，世俗之榮辱得失呢。那麼不得志到算是天有眼，一經得志，便要地無皮了。假如趨向在民胞物與，悲天閔人呢。則所謂得志與民同之，不得志修身俟於世。無論在上在下，都可以正人心而厚風俗，才算是學者正經。讀書亦才有用，且亦才需要讀書。有了這種志願，雖自己氣質稍下，亦可藉讀書以改變。並不是書籍有這大力量：不然古今讀書人都應入聖賢之域了，又何以大奸巨猾，往往滿腹文章呢?就可見書要看什麼人讀：大奸巨猾，則書中所載，莫非爲其奸猾之資；以民胞物與爲懷者，則聖賢之言，皆我之言，書中之事，皆份內事，自然會早夜以思，去其不如舜，不如周公者，而求其所以爲舜爲周公者。孜孜矻矻，朝乾夕惕，則未有不能達其願望者。而其得力處，則在自己有堅卓之志。所以說立志就是換骨之金丹。然而所謂立志，又不是或作或輟，一暴十寒所能奏效，必朝斯夕斯，抱定一息尚存此志不容稍懈的精神，然後才能毋望其速成，毋誘於勢利。所以他常在立志之下，加「有恆」二字，意謂始終不懈的精神，乃讀書第二個先決問題。他說：

士人讀書第一要有志，第二要有識，第三要有恆。有志則斷不甘爲下流，有識則知學問無盡，不敢以一得自足，如河伯之觀海，如井蛙之窺天，皆無見識也。有恆則斷無不成之事。此三者缺一不可。諸弟此時，惟有識不可以驟幾，至於有志有恆，則諸弟勉之而已。道光二十二年十二月二十日致諸弟書學問之道無窮，而總以有恆爲主，兄往年極無恆，近年略好，而猶未純熟。自七月初一起至今則無一日間斷，每日臨帖百字，鈔書百字，看書少亦須滿廿頁，多則不論。自七月起，至今已看過王荆公文集百卷，歸震川文集四十卷，詩經大全廿卷，後漢書百卷，皆硃筆加圈批，雖極忙亦須了本日功課，不以昨日耽擱而今日補做，不以明日有事，而今日預做。諸弟若能有恆如此，則雖四弟中等之資亦當有所精進，況六弟七弟上等之資乎？……諸弟試將朱子綱目過筆圈點，定以有恆，不過數月卽圈完矣。若看註疏，每經亦不過數月卽完。切勿以家中有事，而卽間斷看書之課，又弗以考試將近，間斷看書之課，雖走路之日，到店亦可看書，考試之日，出場亦可看也。兄日夜懸望，獨此有恆二字告諸弟，伏願諸弟刻刻留心，幸甚幸甚！道光二十四年十一月二十一日致諸弟函

此處他不但把有恆的效用說得很詳盡，並且做出有恆的樣，爲他諸弟們規畫出有恆的方案，這種方案，不但他的諸弟可以受益，卽我們現在還是可以依此做去。他所舉有志有識有恆，自然都是讀書應有的先決問題，不過「有識」不是初學所可驟幾，所以他平常教人，總是以立志有恆爲最要。然而我以爲果能立志而又能持之以恆，時時不斷的與古人爲儔，當然會知道學問無盡，不致以一得自足。河伯觀海，井蛙窺天之陋，或者卽可因此免除吧？所慮者就是立志未必堅定，見左右前後與我相彷彿者，皆得與

援而騰達了，於是自己也就耐不過了，或望其速成，或誘於勢利，或竟棄其所學而另覓蹊徑，都叫做無志，都叫做無恆就會不免於河伯觀海，井蛙窺天了。他寫此信，正是在京城做京官的時候，也可以說正是他發憤立志發憤持恆的時候。我們看他幾個月內，做了許多功課，我們或者會驚疑他是天才獨厚吧？其實不是，絕不是，他的資質，並不過人，他惟一長處，就是他那副誠拙的精神，困知勉行的精神，孳孳不懈，無稍間斷的精神。每日看廿頁書，並不算是難事，然而我們就不能有他那樣成績，便是因爲我們缺少他那副有恆的精神。假如我們也立定志向，要持之以恆，每日看廿頁書，幾個月後，成績也定可觀。而況年年如此，終身如此，何患無所精進？荀子曰：『無冥冥之事者，無昭昭之明，無惛惛之事者，無赫赫之功。』曾氏此時，正是勵志潛修，冥冥惛惛的時期；凡他後來那些昭昭之明，赫赫之功，都是這時候做成的基礎。即他諸弟後日功業，也很得力此時的乃兄教導。故凡有志於盛德大業者，不可不立定堅卓的志向，尤不可不持之以無稍間斷的恆心！

有了堅卓的志向，不斷的恆心，然後感覺自己理不充，識不遠，才不足以應用，那麼可以談讀書問題了。這時候去讀書，才是正當的需要，才不至於藉書中之義以濟其私而滿其慾。即就讀書本身來說，在這種情況之下，其了解力，運用力，都必較茫無目標者爲強且大；不過書籍之浩浩，若江海然，非一人之腹所能盡飲也。其中萬徑千蹊，莫知所適，在讀書之前，苟不指以正當途徑，則將以羊腸爲大道，以斷港絕潢爲終南捷徑，則將皓首窮年，不免爲陋儒而已。故在立志有恆兩問題決定之後，還要辨明應該採取什麼趨向，這可算是讀書第三個先決問題。他關於這個問題在全書中說的最多，茲就其告直隸士子者，略述如左：

爲學之術有四：曰義理，曰考據，曰辭章，曰經濟。義理者，在孔門爲德行之科，今世目爲宋學者也。考據者，在孔門爲文學之科，今世目爲漢學者也。辭章者，在孔門爲言語之科，從古藝文，及今世制義詩賦皆是也。經濟者，在孔門爲政事之科，前代典禮政書，及當世掌故皆是也。人之才智，上哲少而中下多，有生又不過數十寒暑，勢不能求此四術，徧觀而盡取之，是以君子貴愼其所擇，而先其所急。擇其切於吾身心不可造次離者，則莫急於義理之學。凡人身所自具者，有耳目口體心思，日接於吾前者，有父子兄弟夫婦，稍遠者有君臣有朋友。爲義理之學者，蓋將使耳目口體心思，各敬其職，而五倫各盡其分，又將推以及物，使凡民皆有以善其身，而無憾於倫紀。夫使舉世皆無憾於倫紀，雖唐虞之世，有不能逮；苟通義理之學，而經濟該乎其中矣。程朱諸子，遺書俱在，曷嘗舍末而言本，遺新民而專事明德，觀其雅言推闡，反覆而不厭者，大抵不外立志以植基，居敬以養德，窮理以致知，克己以力行，成物以致用。義理與經

濟，初無兩術之可分，特其施功之序，詳於體而略於用耳。（勸學篇示直隸士子）

這一段話拿現在目光驟然看去，或要覺得有些迂腐了吧？其實所謂使耳目口體心思各敬其職，難道不是萬古不變之眞理？難道不是人類應有的基本行爲？普通人或因環境關係，教育關係，而未能完全如此，讀書負先知先覺之責者，當然應該以此爲急務。蓋自一般腐儒，以規行矩步坐尸立齋種種形式，自矜爲義理之學，而其心術有時乃不堪聞問，於是義理二字，變成迂腐虛僞之名詞，提及義理二字，或者就會引起人們聯想到那種迂拘腐朽的形態，實在這不是義理之過，假義理以欺世盜名者之過。義理的內容，就是立身爲人之道，成己成物之方，至於用何方式以立身爲人，以成己成物，則儘可隨時代以變遷，隨環境以變遷，要其歸則始於正己，終於濟世，如百川異派，同達於海而已，初不必拘於一定方式，一定途徑。他所謂立志以植基，居敬以養德，窮理以致知，克己以力行，成物以致用，昔人所謂學有本源，便是指此。有了這個本源，然後求先儒所謂考據者，使吾之所見，證諸古制而不謬；然後所謂求辭章者，使吾之所獲，達諸筆箚而不差；則天下無往而非學，無事而非學了。到此時，雖曰六經皆我註腳，亦無不可。

以上所舉這三個先決問題，他全書之中並未這樣明白的告訴我們；不過在他言論中歸納起來，可以得到這三點是讀書應有的先決問題。我以爲此事於讀書爲學之始，關係極大，故於其讀書方法之先，述此章以爲冠，是否郢書燕說，則不暇問了。

第十一章　讀書方法

觀察一個人的讀書方法，可以看出他的讀書興趣和其造詣的淺深。這句話固然未可當做絕對的標準，但是大致是無甚差誤的。從前塾師教小學生死讀大學中庸一類深奧的書，並教以先要安詳恭敬，（張橫渠語）不從，則臨之以夏楚，一般天眞爛漫的小學生，乃視讀書爲畏途。這是方法影響到他的讀書興趣。因爲沒有良好的方法，而書又不可不讀，於是有一些學者盡量的死讀書，讀死書，到頭童齒豁，而數百字時文，乃有未通順者，或讀書數十百卷，而無一句足資應用者，都算是方法下的犧牲品。曾氏爲時代所限，積習所限，其所舉讀書方法，當然與現代教育理論猶未免於差池，然而踏實誠拙，是其天性，由是踏實誠拙之天性，乃產生他實事求是的讀書方法。蓋讀書最忌取巧，取巧固有時可以得到書中一知半解的皮毛，若想求深造，求本原，求前人未發之祕，皆絕對不能存絲毫取巧之心。不但不能取巧，凡學術造詣愈深者，恆用力愈拙。西人往往爲發明一理論，不惜窮畢生之力以求證據，必待數十百千證據都相同了，然後才敢自信。淸朝漢學大師，亦嘗爲一字一義，而求數百證據。在聰明人看起來，不是太拙了嗎？而不知他的造詣，卽從這拙中得來。許多聰明人而異常淺薄，就是因爲不願用這拙的功夫。而況書中趣味，眞是仁者見仁，智者見智，深者得深，淺者得淺，精蘊之處，全要自己求得，才爲己有，父兄師友拿他自己心得來告訴我們，固亦可以啓示一二，然究竟與我自己得來者，是兩樣意味。然則讀書可以不用方法了？是又不然。方法好像是指示我們一個方向，告訴我們這方向的路道上，有什麼河溪，有什麼山谷，應該坐車，或應該坐船？至於路上風景的如何美觀，便要你自己去看才能親切。方法又如鑛師告訴我們鑛苗的所在，與開掘的方法，我們雖然明白了何處有金鑛，何處有銀鑛，亦且明白了怎樣開掘的方法，然而實行去開掘，便非我們自力不可。至於採獲多少，更須視我們用力如何，與毅力如何，方能決定。現在青年有太重視方法，而忽於自己的實力，對學問不願下苦工，成就安能不薄？而其最大原因，則在專欲取巧。我所取於曾氏讀書法者，就爲他這種脚踏實地毫無取巧的精神。至其所擧應讀的書籍，自然有許多已受時代的汰除，但是他的方法，却最足以給我們仿傚，我們當然不能去其精華，而求其糟粕。

他的讀書方法可以分四項說明：⑴看、讀、寫、作，⑵專精一業，⑶求明瞭勿求强記，⑷分類筆錄。怎樣叫看、讀、寫、作呢？他說：

讀書之法，看、讀、寫、作四者，每日不可缺一，看書如爾去年看史記、漢書、韓文、近思錄，今年看周易折夷之類是也。讀者如四書、詩、書、易、左傳諸經，昭明文選，李杜蘇黃之詩，韓歐曾王之文，非高聲朗誦則不能得其雄偉之概，非密咏恬吟則不能探其深遠之韻。譬之富家居積，看書則在外貿易，獲利三倍者也，讀書則在家慎守，不輕花費者也。譬之兵家戰爭，看書則攻城略地，開拓土宇者也，讀書則深溝堅壘，得地能守者也。看書與子夏之日知所亡相近，讀書與無忘所能相近，二者不可偏廢。至於寫字，眞行篆隸，爾頗好之，切不可間斷一日，既要求好，又要求快。余生平因作字遲鈍，吃虧不少，爾須力求敏捷，每日能作楷書一萬則幾矣。至於作詩文，亦宜在二三十歲立定規模，過卅後則長進極難。……少年不可怕醜，須有狂者進取之趣，此時不試爲之，則後此將不肯爲矣。（咸豐八年七月二十一日舟次樵舍下與紀澤函）

看生書宜求速，不多閱則太陋溫舊書宜求熟，不背誦則易忘。習字宜有恆，不善寫則如身之無衣，山之無木，作文宜苦思，不善作則如人之啞不能言，馬之跛不能行。四者缺一不可。

這可算是讀書方法的初步。看、讀、寫、作四者，缺一不可。四者的界說與效益，他都言之綦詳。四者之中，除寫字一門，現在不甚注意外，其他三項今日爲學之士，仍不可偏廢；尤其是讀書與看書，他說的最爲透澈。蓋讀書意在求熟，看書意在求速，熟然後可以專精，速然後可以廣博。學而須先有若干部爛熟之書在胸中，然後再去涉獵羣書，方無阻礙。此如爲將官者，自己手練精兵若干萬人，赴湯蹈火，略無難色，然後以此若干萬人爲主，協同其他新練之兵，攻城略地；則不但手練精兵無往不利，即新練之兵亦將無往不利。讀書有書，亦正如此。學者苟有若干部爛熟而又深澈了解之書在胸中，然後看書自可以速，且易於了解。現在青年對於熟讀一事，恆視爲畏途，不要說整部書不能讀熟，即學校幾篇國文講義，要希望他們讀熟，都不是容易的事。胸中連幾篇熟文章都沒有，更那裏能談得到看書？即看書亦如何能深澈了解？又如何能作得出清晰明暢的文章？就我的經驗看書作文，都要以胸中熟書多寡爲標準，不先注意熟讀，乃欲做成好文章，或求看書之速，是皆緣木求魚之事。我是篤信初步爲學必須熟讀的人，看書作文，都須以熟讀爲根基。當然不是一切作品都要熟讀，但是其重要者確非熟讀不可。不能全讀者，則須多看，所謂不多看則太陋也。我以爲讀書最好分三部：1 熟讀之部，2 常看之部，3 涉獵之部。常看者就是不止看一次，涉獵者一眼看過，得其大意即足。

曾聞前輩先生云：曾氏最講讀法，聲調神態，均極入妙。證之他自己的言論，尤覺此言之足信。他曾告訴其子紀澤云：『爾欲作五古七古，須讀五古七古各數十篇，先之以高聲朗誦，以昌其氣，繼之以密咏恬吟，以玩其味，二者幷進，使古人之聲調拂拂然若與我之喉舌相習，則下筆爲詩時，必有句調湊赴腕下。』在他日記中，亦曾說到『溫蘇詩朗誦頗久，有聲出金石之樂，因思古人文章所以與天地不敝者，實賴氣以昌之，聲以永之。故讀書不能求之聲氣二者之間，徒糟粕耳。』在這兩小節中，我們幾乎可以聽到他那鏗然如出金石的書聲了。尤透澈的，就是他所謂高聲朗誦，密咏恬吟，相習既久，則下筆爲詩時，必有句調湊赴腕下。豈但作詩是如此？作文亦何獨不然！初學爲文，往往字句生硬，或上氣不接下氣，都是未能常使古人之聲調拂拂然若與已之喉舌相習的緣故。所以我覺得這一段雖然說的是看讀寫作四種，除了寫字一門，其餘三者，我以爲讀是一個綱領。

其次便要專精一業。他嘗說：「用功譬若掘井，與其多掘井而皆不及泉，何若老守一井，力求及泉而用之不竭乎？」在他聖哲畫像記那一篇中，亦力言廣心博騖之病，而主專攻一學，所以他教子弟，總是以專精爲主。他說：

求業之精，別無他法，曰專而已矣。諺曰『藝多不養身，』謂不專也。吾掘井多而無泉可飲，不專之咎也。諸弟總須力圖專業。……若志在窮經，則須守一經，志在作制義，則須專看一家文稿，志在作古文，則須專看一家文集。萬不可兼營競騖，兼營則必一無所能矣。凡專一業之人，必有心得，亦必有疑義。諸弟有心得，可以告我共賞之，有疑義可以問我共析之。（道光二十二年九月十八日致諸弟書）

讀書之道，有不可易者數端：窮經必專一經，不可泛騖。讀經研尋義理爲本，考據名物爲末。讀經有一「耐」字訣，一句不通不看下句，今日不通，明日再讀，今年不精，明年再讀，此所謂耐也。讀史之法，莫妙於設身處地每看一處，如我便與當時之人酬酢笑語於其間。不必人人皆能記也；但記一人則恍如接其人。不必事事皆能記也但記一事則恍如親其事。經以窮理，史以考事，舍此二者，更別無學矣。蓋自西漢以至於今，識字之儒，約有三途：曰義理之學，曰考據之學，曰詞章之學。各執一途，互相詆毀，兄之私意，以爲義理之學最大，義理明則躬行有要，而經濟有本；詞章之學，亦所以發揮義理者也，考據之學吾無取焉矣。此三途者，皆從事經史，各有門徑。吾以爲欲讀經史，但當研究義理，則心一而不紛；是故經則專守一經，史則專熟一代，讀經史則主義理，此皆守約之道，確乎不可易者也。若夫經史而外，諸子百家，汗牛充棟，或欲閱之，但當讀一人之專集，不當東翻西閱。如讀昌黎集，則目之所見，耳之所聞，無非昌黎；以爲天地間除昌黎集而外，更無別書也。此一集未讀完，斷斷不換他集，亦專字訣也。道光二十二年正月十七日致諸弟函

大概貪多而不務，得原是青年最易犯之病狀，在已有看書能力的時候，常會泛濫無邊的亂翻亂看，無系統，無中心目標，這樣看去，終不會有精蘊的心得，終其身亦難有專長。猶如自己手裏沒有精銳之士，所部盡新募之兵，當然指揮不靈，而不能有一定趨向。曾氏所謂專一經，專一史，絕不是教人除此一書之

外，不閱他書，他屢屢叫人要多看書，謂不多看則太陋。此所謂專，就是要求精之意，欲求精必須專，專有二義：一謂專藝，二謂專心。專藝就是專一經或專一史，或專攻其他任何一書，均謂之專，但須研尋其義理，考證其名物。如練兵然，必練成可以赴湯火蹈白刃者，始謂之精。經則專主一經，史則專熟一代。一句不通，不看下句，今日不通，明日再讀，今年不精，明年再讀，把一部書研究得精通爛熟，甚至終身以此一書為研究之中心，是之謂專。他認為專字是讀書一個祕訣，故除專藝之外，還要專心。怎樣專心呢？就是拿全副精神，專注在一種書上，所謂用志不分，乃凝於神。他說：『讀昌黎集則覺天地間除昌黎集外，更無他書。』這眞是最精澈的祕訣。現在學校之中，要說終日沈潛於一書，自是不可能之事實；但是取法他的意思，用全副精神去看書，還是可能的。雖只看書一小時，就在這一小時內，聚精會神，忘却書外的一切，這是應有的習慣；至於一本未完，斷斷不換他書，也是我們應該取法的。

在這種情勢之下，最怕的就是遇着難關，便自拋去；則不但不能專業，更談不到專心。所以他在專字訣後，又加一個耐字訣。大概這兩個字是不能拆開的，因為無論何種書籍，總有相當的困難，定要勝過這種困難，才能前進；假如稍遇困難，即便丟去，則根本即談不到看書，更遑論專業？所以他叫人要耐。我覺得遇難關固然要耐，過興趣缺乏之處，亦須要耐。因為一種書的內容優劣不一，定與興趣成正比例，有時理論愈深，興趣猶愈減少，必待用力鑽研之後，興趣才由勝過難關中，盎然而出，這是耐的收穫。現在一般人遇稍難之書不願看，份量稍大者亦不願看，都是缺乏耐性的表現；而現在作品，總是份量不甚多，內容充滿刺激性者，也就是爲要迎合這種缺乏耐性的弱點。我以爲每一種書，在未看之先，宜稍審愼，不合意者，儘可不看，既看則無論若何困難，若何無興趣，均須看到底爲止，一書不完，決不更換他書，縱或內容未必皆精，亦宜耐着性子看完，然後才知道書內的好處在那裏，壞處在那裏，能知得書中壞處所在，雖未得益，也就算是得益了。

有一個問題爲一般人最易發生者，就是書已看了，記不得，奈何呢？與其記不得，還不等於不看嗎？這句話說的有點似是而非。看書記不得的原因，大概是自己對於某項根基太淺，而驟看較深之書，當然不容易記得；然而雖不容易記得，看了一遍自己腦筋中却已留下一個無形的印象，到將來再看相類的書籍，就比看第一本時容易多了。所以不能說記不得，就等於不看。關於這個問題，曾氏有深切著明的解釋。他說：

讀書記性平常，此不足慮；所慮者，第一怕無恆，第二怕隨筆點過一遍，并未看得明白，此却是大病。若實看明白了，久之必得些滋味，寸心若有怡悅之境，則自然記得矣。（咸豐九年六月十四日與紀澤書）

凡讀書有難解者，不必遽求甚解，有一字不能記者，不必苦求強記，只須從容涵泳，今日看幾篇，明日看幾篇，久久自然有益；但於已閱過者，自作暗號，略批幾字，否則歷久忘其為已閱未閱矣。（咸豐五年五月二十六致諸弟函）

紀澤兒讀書記性不好，悟性較佳，若令其句句讀熟，或責其不可再生，則愈讀愈蠢，將來仍不能讀完經書。請子植弟將澤兒未讀之經，每日點五六百字，教一遍，解一遍，令其讀十遍，不必能背誦，不必常溫習，待其草草點完之後，將來看經解，亦可求熟；若蠻讀蠻記蠻溫，斷不能久熟，徒耗日功而已。（咸豐五年正月十八日致諸弟函）

讀書不求強記，此亦養身之道也。凡求強記者，尚有好名之心，橫亙於方寸，故愈不能記。若全無名心，記亦可，不記亦可，此心寬然無累，反覺安舒，或反能記一二處，亦未可知。此余閱歷語也。（咸豐五年七月初八日致諸弟函）

平常所謂讀書記不得者，大概是因為走馬看花，並未把內容看得明白；假如把內容理論看清楚了條理看清楚了，不求過速，亦不停止，自然會得到書中趣味。他所謂寸心若有怡悅之境，眞是閱歷之言。這個境界是我們個個人經歷過的，不過未深注意罷了。我們回想看到一種透澈淋漓的議論，一字一句皆能入人心坎，幾乎句句爲我心中所欲言，而又句句爲我所說不出來者，當此之時，我們心中的滋味如何？就我的經驗來說就是一種說不出來的快活。假如看書能常得到這種境界，則萬無不記得之理，更無須乎強記這是教育心理學中所謂理解記憶法。還有許多機械語句，如何去記呢？曾氏的意思，是不必苦求強記，只須從容涵泳，時時翻閱，常在眼中經過自然可以在不知不覺間記得。最壞的是蠻讀蠻記，這樣在兒童便要戕賊其天性，愈讀而愈蠢；成人亦將殘害其身體，終亦不能多記。他說凡求強記者，有好名人心，橫亙於方寸，故愈不能記。這是因爲太不自然的原故。我覺看書最重要者，應在看的時候，把內容弄明白了，不必存心去求記，遇到重要的地方，拿起筆來，加他幾個圈點，或者加些符號在字句旁邊，或把重要句子提在書眉上，或把自己意見批在書眉上，都可使腦筋中多留些書的印象。有人說一種書多看幾遍，不就可以記得了嗎？固然，一本書看了一遍，連着再看一遍時間既較經濟，效力且更加大，方法自亦不錯；不過我覺與其把同一書本多看幾遍，到不如將同樣性質而不同樣的書本多看幾種，興趣可以不枯，效力仍可加大。譬如看中國史，第一遍看的是甲編的，第二遍最好是找一本乙編的本子來看。如此既可比較，又等復習，興趣比專抱一個本子濃厚多了。這是我個人平時閱歷如此，不知別人亦如此否。

還有一事，爲讀書時應注意者，就是不要把書籍看得太寶貴了。書上不輕動一筆，寫一字，外表看來似乎是愛惜書籍了，其實是最壞的事。我覺看書應充分的動筆，（涉獵之書不必如此）凡與本書有關係者，一律抄到書上，不足，再用箚記本字這是前輩先生所重視之事而亦研究學問之不二法門。趙翼廿二史箚記，王念孫讀書雜誌，俞曲園羣經評議，諸子評議，孫詒讓扎迻，……都不過這項工作的擴大而已。所以無論研究什麼學問，讀書筆記，總是少不了的。曾氏嘗恨自己生平寫字遲鈍，抄錄箚記不多，引爲大憾，故時時以此事敎導子弟。

余於四書五經之外，最好史記漢書莊子韓文四種，好之十餘年，惜不能熟讀精考。又好通鑑文選及姚惜抱所選古文辭類纂，余所選十八家詩鈔四種，共不過十餘種。早歲篤志爲學，恆思將此十餘書，貫串精通，略作箚記，仿顧亭林王念孫之法，今年齒衰老，時事日艱，所志不克成就，中夜思之，每用媿悔。澤兒若能成吾之志，將四書五經及余所好之八種，一一熟讀而深思之，略作箚記，以志所得，以著所疑，則余歡欣快慰，夜寢得甘，此外別無所求矣。（咸豐九年四月二十一日致紀澤函）

近世文人如袁簡齋趙甌北吳穀人，皆有手鈔詞藻小本，此衆人所共知者。昌黎之記事提要，纂言鈎元，亦係分類手鈔小冊也。爾曾看說文經義述聞，二書中可鈔者多，此外如江愼修之類腋，及子史精華淵鑑類函，則可鈔者尤多矣。爾試爲之，此科名之要道，學問之捷徑也。（咸豐九年五月初四日致紀澤函）

大抵有一種學問，即有一種分類之法；有一人嗜好，即有一人摘鈔之法。從本原論之，當以爾雅爲分類之最古者。……余亦思仿爾雅之例鈔纂類書，以記日知月無忘之效，特患年齒已衰，軍務少暇，終不能有所成，或者余少引其端，爾將來繼成之可耳。咸豐十一年九月初四致紀澤書

中國學術素乏精密的科學系統，學者初入其門，如入百戲場中，千變萬態，應接不遑；才智之士，把自己讀書心得寫出來，或把經史等書拆散了，再依其性質分爲若干類，如淵鑑類函等都不過是讀書之時，爲便於自己翻閱，但是及其成功，乃爲極有價值的類書，與極有價值的讀書劄記，可爲後學者學問捷徑。然此又非必大學問家始能爲此，凡讀書人都能爲之；惟不必急求發表罷了。趙翼、王念孫、俞曲園、孫詒讓諸人，當他筆錄的時候，何嘗念及傳諸後世？蓋讀書之士，既莫不有其心得，即莫不應有其讀書筆記。他說有一種學問，即有一種分類之法；有一人嗜好，即有一人摘鈔之法。他這幾句話很有科學方法的思想，可惜他自已軍務少暇，未能做一個榜樣給我們看，這是他自己抱憾的地方，亦是我們以爲可惜的事。不過他指我們這個分類筆錄的道路，總是不錯的。只是有一點應清楚的，就是他那時所謂分類筆錄，大都是爲文章詞藻，爲奪取科名之要道。現在爲學科目繁多，當然無暇及此，然與自己性情相近的學科，乃應備有讀書筆記，或卡片，或活葉鈔本，或固定鈔本，要隨時隨地，逐處留心，凡與自己歡喜研究的那門學科有關係，足

以補吾研究之資料者，無論古書今書，報章雜誌，名人演講，雖一鱗一爪，都應把他錄在本子上面。研究學問應有一個「牛溲馬勃敗鼓之皮，俱收並蓄待用無遺」的精神。縱或有些材料不甚精萃，亦可供相當的參考。這種工作，說小一點，可以補充書本之不足，而便於閱覽，說大一點，則大學問家大著述家的搜集材料，都不出此途。所以我嘗覺得讀書最重要者，就是筆不能懶。

以上所述讀書方法，可以說是四個步驟，可以說是四種研究學問的方法。為學之初，看讀寫作缺一不可，次則宜就自己所喜悅者，擇一藝以求專精；然又不可局於一隅，以至於太陋，故須多方閱讀，閱讀有得，隨手筆之，此所謂四個步驟。四者之中，以專精一業為中心，看讀寫作是專精一業以前的事，閱讀為廣求所專之業之補助材料，筆錄亦是以所專精者為中心，這是就表面次序說如此。實際亦並不是有一定的封域，專精一業時，並不是拋棄了看讀寫作，分類筆錄等，更不是拋棄了前面那三項工作。故自初學的次第言，似乎是四個步驟，自研究的中心言，則此四者，乃是四種方法，缺一不可。

讀書是學問路道之一，做學問當然不是死讀書；但是不讀書亦不足以言學問。且如本書所述曾氏之學，其大者曰修養，曰治事，似乎皆非書本上事，然若完全拋棄了書本，則其修養者，必不至有如此健全，而所治之事，恐不能如此細大不捐，羣下從風向善。他以一匹夫而轉變一代風氣，第一是他以身作則的精神過人，第二是他研究有素的學識過人，有此二者，故一言一動，皆足以服當世人心我覺得他爲官數十年，處處是以學術化人人格感人，從未憑藉他的勢位，任意宰割人民，強人民以從己，這是最使我們愴然仰慕的事！

曾國藩治學方法終

中華史地叢書
曾國藩治學方法

作　　者／胡哲敷　著
主　　編／劉郁君
美術編輯／鍾　玟

出 版 者／中華書局
發 行 人／張敏君
副總經理／陳又齊
行銷經理／王新君
地　　址／11494 臺北市內湖區舊宗路二段181巷8號5樓
客服專線／02-8797-8396　　傳　　真／02-8797-8909
網　　址／www.chunghwabook.com.tw
匯款帳號／兆豐國際商業銀行　東內湖分行
　　　　　067-09-036932　中華書局股份有限公司

法律顧問／安侯法律事務所
製版印刷／維中科技有限公司　海瑞印刷品有限公司
出版日期／2017年3月台七版
版本備註／據1983年1月台六版復刻重製
定　　價／NTD 280

國家圖書館出版品預行編目（CIP）資料

曾國藩治學方法 / 胡哲敷著. -- 臺七版. -- 臺北市 : 中華書局, 2017.03
面 ; 公分. -- (中華史地叢書)
ISBN 978-986-94040-6-8(平裝)

1.(清)曾國藩 2.傳記 3.治學方法

782.877　　105022657

NO.G2023
ISBN 978-986-94040-6-8（平裝）